心一堂術數古籍珍本叢刊

書名：簡易相法秘傳
系列：心一堂術數古籍珍本叢刊 相術類 無常玄空珍秘系列 第三輯 322
作者：【民國】上海星相研究社編
主編、責任編輯：陳劍聰
心一堂術數古籍珍本叢刊編校小組：陳劍聰 素聞 鄒偉才 虛白盧主 丁鑫華

出版：心一堂有限公司
通訊地址：香港九龍旺角彌敦道六一〇號荷李活商業中心十八樓〇五－〇六室
深港讀者服務中心：中國深圳市羅湖區立新路六號羅湖商業大廈負一層〇〇八室
電話號碼：(852)9027-7110
網址：publish.sunyata.cc
電郵：sunyatabook@gmail.com
網店：http://book.sunyata.cc
淘寶店地址：https://sunyata.taobao.com
微店地址：https://weidian.com/s/1212826297
臉書：https://www.facebook.com/sunyatabook
讀者論壇：http://bbs.sunyata.cc/

版次：二零二零年七月初版
平裝

定價：港幣 一百零八元正
新台幣 四百五十元正

國際書號：ISBN 978-988-8583-27-0

香港發行：香港聯合書刊物流有限公司
地址：香港新界大埔汀麗路36號中華商務印刷大廈3樓
電話號碼：(852)2150-2100
傳真號碼：(852)2407-3062
電郵：info@suplogistics.com.hk

台灣發行：秀威資訊科技股份有限公司
地址：台灣台北市內湖區瑞光路七十六巷六十五號一樓
電話號碼：+886-2-2796-3638
傳真號碼：+886-2-2796-1377
網絡書店：www.bodbooks.com.tw
台灣秀威書店讀者服務中心：
地址：台灣台北市中山區松江路二〇九號一樓
電話號碼：+886-2-2518-0207
傳真號碼：+886-2-2518-0778
網絡書店：http://www.govbooks.com.tw

中國大陸發行 零售：深圳心一堂文化傳播有限公司
深圳地址：深圳市羅湖區立新路六號羅湖商業大廈負一層〇〇八室
電話號碼：(86)0755-82224934

心一堂微店二維碼

心一堂淘寶店二維碼

心一堂術數古籍珍本叢刊整理總序

術數定義

術數，大概可謂以「推算（推演）、預測人（個人、群體、國家等）、事、物、自然現象、時間、空間方位等規律及氣數，並或通過種種『方術』，從而達致趨吉避凶或某種特定目的」之知識體系和方法。

術數類別

我國術數的內容類別，歷代不盡相同，例如《漢書・藝文志》中載，漢代術數有六類：天文、曆譜、五行、蓍龜、雜占、形法。至清代《四庫全書》，術數類則有：數學、占候、相宅相墓、占卜、命書、相書、陰陽五行、雜技術等，其他如《後漢書・方術部》、《藝文類聚・方術部》、《太平御覽・方術部》等，對於術數的分類，皆有差異。古代多把天文、曆譜、及部分數學均歸入術數類，而民間流行亦視傳統醫學作為術數的一環；此外，有些術數與宗教中的方術亦往往難以分開。現代民間則常將各種術數歸納為五大類別：命、卜、相、醫、山，通稱「五術」。

本叢刊在《四庫全書》的分類基礎上，將術數分為九大類別：占筮、星命、相術、堪輿、選擇、三式、讖諱、理數（陰陽五行）、雜術（其他）。而未收天文、曆譜、算術、宗教方術、醫學。

術數思想與發展——從術到學，乃至合道

我國術數是由上古的占星、卜筮、形法等術發展下來的。其中卜筮之術，是歷經夏商周三代而通過「龜卜、蓍筮」得出卜（筮）辭的一種預測（吉凶成敗）術，之後歸納並結集成書，此即現傳之《易

經》。經過春秋戰國至秦漢之際，受到當時諸子百家的影響、儒家的推崇，遂有《易傳》等的出現，原本是卜筮術書的《易經》，被提升及解讀成有包涵「天地之道（理）」之學。因此，《易・繫辭傳》曰：「易與天地準，故能彌綸天地之道。」

漢代以後，易學中的陰陽學說，與五行、九宮、干支、氣運、災變、律曆、卦氣、讖緯、天人感應說等相結合，形成易學中象數系統。而其他原與《易經》本來沒有關係的術數，如占星、形法、選擇，亦漸漸以易理（象數學說）為依歸。《四庫全書・易類小序》云：「術數之興，多在秦漢以後。要其旨，不出乎陰陽五行，生尅制化。實皆《易》之支派，傳以雜說耳。」至此，術數可謂已由「術」發展成「學」。

及至宋代，術數理論與理學中的河圖洛書、太極圖、邵雍先天之學及皇極經世等學說給合，通過術數以演繹理學中「天地中有一太極，萬物中各有一太極」（《朱子語類》）的思想。術數理論不單已發展至十分成熟，而且也從其學理中衍生一些新的方法或理論，如《梅花易數》、《河洛理數》等。

在傳統上，術數功能往往不止於僅僅作為趨吉避凶的方術，及「能彌綸天地之道」的學問，亦有其「修心養性」的功能，「與道合一」（修道）的內涵。《素問・上古天真論》：「上古之人，其知道者，法於陰陽，和於術數。」數之意義，不單是外在的算數、歷數、氣數，而是與理學中同等的「道」、「理」--心性的功能，北宋理氣家邵雍對此多有發揮：「聖人之心，是亦數也」、「萬化萬事生乎心」、「心為太極」。《觀物外篇》：「先天之學，心法也。……蓋天地萬物之理，盡在其中矣，心一而不分，則能應萬物。」反過來說，宋代的術數理論，受到當時理學、佛道及宋易影響，認為心性本質上是等同天地之太極。天地萬物氣數規律，能通過內觀自心而有所感知，即是內心也已具備有術數的推演及預測、感知能力；相傳是邵雍所創之《梅花易數》，便是在這樣的背景下誕生。

《易・文言傳》已有「積善之家，必有餘慶；積不善之家，必有餘殃」之說，至漢代流行的災變說及讖緯說，我國數千年來都認為天災，異常天象（自然現象），皆與一國或一地的施政者失德有關；下至家族、個人之盛衰，也都與一族一人之德行修養有關。因此，我國術數中除了吉凶盛衰理數之外，人心的德行修養，也是趨吉避凶的一個關鍵因素。

術數與宗教、修道

在這種思想之下，我國術數不單只是附屬於巫術或宗教行為的方術，又往往是一種宗教的修煉手段──通過術數，以知陰陽，乃至合陰陽（道）。「其知道者，法於陰陽，和於術數。」例如，「奇門遁甲」術中，即分為「術奇門」與「法奇門」兩大類。「法奇門」中有大量道教中符籙、手印、存想、內煉的內容，是道教內丹外法的一種重要外法修煉體系。甚至在雷法一系的修煉上，亦大量應用了術數內容。此外，相術、堪輿術中也有修煉望氣（氣的形狀、顏色）的方法；堪輿家除了選擇陰陽宅之吉凶外，也有道教中選擇適合修道環境（法、財、侶、地中的地）的方法，以至通過堪輿術觀察天地山川陰陽之氣，亦成為領悟陰陽金丹大道的一途。

易學體系以外的術數與的少數民族的術數

我國術數中，也有不用或不全用易理作為其理論依據的，如揚雄的《太玄》、司馬光的《潛虛》。也有一些占卜法、雜術不屬於《易經》系統，不過對後世影響較少而已。

外來宗教及少數民族中也有不少雖受漢文化影響（如陰陽、五行、二十八宿等學說。）但仍自成系統的術數，如古代的西夏、突厥、吐魯番等占卜及星占術，藏族中有多種藏傳佛教占卜術、苯教占卜術、擇吉術、推命術、相術等；北方少數民族有薩滿教占卜術；不少少數民族如水族、白族、布朗族、佤族、彝族、苗族等，皆有占雞（卦）草卜、雞蛋卜等術，納西族的占星術、占卜術，彝族畢摩的推命術、占卜術……等等，都是屬於《易經》體系以外的術數。相對上，外國傳入的術數以及其理論，對我國術數影響更大。

曆法、推步術與外來術數的影響

我國的術數與曆法的關係非常緊密。早期的術數中，很多是利用星宿或星宿組合的位置（如某星在某州或某宮某度）付予某種吉凶意義，并據之以推演，例如歲星（木星）、月將（某月太陽所躔之宮次）等。不過，由於不同的古代曆法推步的誤差及歲差的問題，若干年後，其術數所用之星辰的位置，已與真實星辰的位置不一樣了；此如歲星（木星），早期的曆法及術數以十二年為一周期（以應地支），與木星真實周期十一點八六年，每幾十年便錯一宮。後來術家又設一「太歲」的假想星體來解決，是歲星運行的相反，週期亦剛好是十二年。而術數中的神煞，很多即是根據太歲的位置而定。又如六壬術中的「月將」，原是立春節氣後太陽躔娵訾之次而稱作「登明亥將」，至宋代，因歲差的關係，要到雨水節氣後太陽才躔娵訾之次，當時沈括提出了修正，但明清時六壬術中「月將」仍然沿用宋代沈括修正的起法沒有再修正。

由於以真實星象周期的推步術是非常繁複，而且古代星象推步術本身亦有不少誤差，大多數術數除依曆書保留了太陽（節氣）、太陰（月相）的簡單宮次計算外，漸漸形成根據干支、日月等的各自起例，以起出其他具有不同含義的眾多假想星象及神煞系統。唐宋以後，我國絕大部分術數都主要沿用這一系統，也出現了不少完全脫離真實星象的術數，如《子平術》、《紫微斗數》、《鐵版神數》等。後來就連一些利用真實星辰位置的術數，如《七政四餘術》及選擇法中的《天星選擇》，也已與假想星象及神煞混合而使用了。

隨着古代外國曆（推步）、術數的傳入，如唐代傳入的印度曆法及術數，元代傳入的回回曆等，其中我國占星術便吸收了印度占星術中羅睺星、計都星等而形成四餘星，又通過阿拉伯占星術而吸收了其中來自希臘、巴比倫占星術的黃道十二宮、四大（四元素）學說（地、水、火、風），並與我國傳統的二十八宿、五行說、神煞系統並存而形成《七政四餘術》。此外，一些術數中的北斗星名，不用我國傳統的星名：天樞、天璇、天璣、天權、玉衡、開陽、搖光，而是使用來自印度梵文所譯的：貪狼、巨門、祿存、文曲，廉貞、武曲、破軍等，此明顯是受到唐代從印度傳入的曆法及占星術所影響。如星命術中的《紫微斗數》及堪輿術中的《撼龍經》等文獻中，其星皆用印度譯名。及至清初《時憲曆》，置閏之法則改用西法「定氣」。清代以後的術數，又作過不少的調整。

此外，我國相術中的面相術、手相術，唐宋之際受印度相術影響頗大，至民國初年，又通過翻譯歐西、日本的相術書籍而大量吸收歐西相術的內容，形成了現代我國坊間流行的新式相術。

陰陽學——術數在古代、官方管理及外國的影響

術數在古代社會中一直扮演着一個非常重要的角色，影響層面不單只是某一階層、某一職業、某一年齡的人，而是上自帝王，下至普通百姓，從出生到死亡，不論是生活上的小事如洗髮、出行等，大事如建房、入伙、出兵等，從個人、家族以至國家，從天文、氣象、地理到人事、軍事，從民俗、學術到宗教，都離不開術數的應用。我國最晚在唐代開始，已把以上術數之學，稱作陰陽（學），行術數者稱陰陽人。（敦煌文書、斯四三二七唐《師師漫語話》：「以下說陰陽人謾語話」，此說法後來傳入日本，今日本人稱行術數者為「陰陽師」）。一直到了清末，欽天監中負責陰陽術數的官員中，以及民間術數之士，仍名陰陽生。

古代政府的中欽天監（司天監），除了負責天文、曆法、輿地之外，亦精通其他如星占、選擇、堪輿等術數，除在皇室人員及朝庭中應用外，也定期頒行日書、修定術數，使民間對於天文、日曆用事吉凶及使用其他術數時，有所依從。

我國古代政府對官方及民間陰陽學及陰陽官員，從其內容、人員的選拔、培訓、認證、考核、律法監管等，都有制度。至明清兩代，其制度更為完善、嚴格。

宋代官學之中，課程中已有陰陽學及其考試的內容。（宋徽宗崇寧三年〔一一零四年〕崇寧算學令：「諸學生習……並曆算、三式、天文書。」「諸試……三式即射覆及預占三日陰陽風雨。天文即預

定一月或一季分野災祥，並以依經備草合問為通。」

金代司天臺，從民間「草澤人」（即民間習術數人士）考試選拔：「其試之制，以《宣明曆》試推步，及《婚書》、《地理新書》試合婚、安葬，並《易》筮法，六壬課、三命、五星之術。」（《金史》卷五十一・志第三十二・選舉一）

元代為進一步加強官方陰陽學對民間的影響、管理、控制及培育，除沿襲宋代、金代在司天監掌管陰陽學及中央的官學陰陽學課程之外，更在地方上增設陰陽學課程（《元史・選舉志一》：「世祖至元二十八年夏六月始置諸路陰陽學。」）地方上也設陰陽學教授員，培育及管轄地方陰陽人。（《元史・選舉志一》：「（元仁宗）延祐初，令陰陽人依儒醫例，於路、府、州設教授員，凡陰陽人皆管轄之，而上屬於太史焉。」）自此，民間的陰陽術士（陰陽人），被納入官方的管轄之下。

至明清兩代，陰陽學制度更為完善。中央欽天監掌管陰陽學，明代地方縣設陰陽學正術，各州設陰陽學典術，各縣設陰陽學訓術。陰陽人從地方陰陽學肄業或被選拔出來後，再送到欽天監考試。（《大明會典》卷二二三：「凡天下府州縣舉到陰陽人堪任正術等官者，俱從吏部送（欽天監），考中，送回選用；不中者發回原籍為民，原保官吏治罪。」）清代大致沿用明制，凡陰陽術數之流，悉歸中央欽天監及地方陰陽官員管理、培訓、認證。至今尚有「紹興府陰陽印」、「東光縣陰陽學記」等明代銅印，及某某縣某某之清代陰陽執照等傳世。

清代欽天監漏刻科對官員要求甚為嚴格。《大清會典》「國子監」規定：「凡算學之教，設肄業生。滿洲十有二人，蒙古、漢軍各六人，於各旗官學內考取。漢十有二人，於舉人、貢監生童內考取。附學生二十四人，由欽天監選送。教以天文演算法諸書，五年學業有成，舉人引見以欽天監博士用，貢監生童以天文生補用。」學生在官學肄業、貢監生肄業或考得舉人後，經過了五年對天文、算法、陰陽學的學習，其中精通陰陽術數者，會送往漏刻科。而在欽天監供職的官員，《大清會典則例》「欽天監」規定：「本監官生三年考核一次，術業精通者，保題升用。不及者，停其升轉，再加學習。如能黽勉供職，即予開復。仍不及者，降職一等，再令學習三年，能習熟者，准予開復，仍不能者，黜退。」除定期考核以定其升用降職外，《大清律例》中對陰陽術士不準確的推斷（妄言禍福）是要治罪的。《大清律例・一七八・術七・妄言禍福》：「凡陰陽術士，不許於大小文武官員之家妄言禍福，違者杖一百。其依經推算星命卜課，不在禁限。」大小文武官員延請的陰陽術士，自然是以欽天監漏刻科官員或地方陰陽官員為主。

官方陰陽學制度也影響鄰國如朝鮮、日本、越南等地，一直到了民國時期，鄰國仍然沿用着我國的多種術數。而我國的漢族術數，在古代甚至影響遍及西夏、突厥、吐蕃、阿拉伯、印度、東南亞諸國。

術數研究

術數在我國古代社會雖然影響深遠，「是傳統中國理念中的一門科學，從傳統的陰陽、五行、九宮、八卦、河圖、洛書等觀念作大自然的研究。……傳統中國的天文學、數學、煉丹術等，要到上世紀中葉始受世界學者肯定。可是，術數還未受到應得的注意。術數在傳統中國科技史、思想史，文化史、社會史，甚至軍事史都有一定的影響。……更進一步了解術數，我們將更能了解中國歷史的全貌。」（何丙郁《術數、天文與醫學中國科技史的新視野》，香港城市大學中國文化中心。）

可是術數至今一直不受正統學界所重視，加上術家藏秘自珍，又揚言天機不可洩漏，「（術數）乃吾國科學與哲學融貫而成一種學說，數千年來傳衍嬗變，或隱或現，全賴一二有心人為之繼續維繫，賴以不絕，其中確有學術上研究之價值，非徒癡人說夢，荒誕不經之謂也。其所以至今不能在科學中成立一種地位者，實有數因。蓋古代士大夫階級目醫卜星相為九流之學，多恥道之；而發明諸大師又故為惝恍迷離之辭，以待後人探索；間有一二賢者有所發明，亦秘莫如深，既恐洩天地之秘，復恐譏為旁門左道，始終不肯公開研究，成立一有系統說明之書籍，貽之後世。故居今日而欲研究此種學術，實一極困難之事。」（民國徐樂吾《子平真詮評註》，方重審序）

現存的術數古籍，除極少數是唐、宋、元的版本外，絕大多數是明、清兩代的版本。其內容也主要是明、清兩代流行的術數，唐宋或以前的術數及其書籍，大部分均已失傳，只能從史料記載、出土文獻、敦煌遺書中稍窺一鱗半爪。

術數版本

坊間術數古籍版本，大多是晚清書坊之翻刻本及民國書賈之重排本，其中豕亥魚魯，或任意增刪，往往文意全非，以至不能卒讀。現今不論是術數愛好者，還是民俗、史學、社會、文化、版本等學術研究者，要想得一常見術數書籍的善本、原版，已經非常困難，更遑論如稿本、鈔本、孤本等珍稀版本。在文獻不足及缺乏善本的情況下，要想對術數的源流、理法、及其影響，作全面深入的研究，幾不可能。

有見及此，本叢刊編校小組經多年努力及多方協助，在海內外搜羅了二十世紀六十年代以前漢文為主的術數類善本、珍本、鈔本、孤本、稿本、批校本等數百種，精選出其中最佳版本，分別輯入兩個系列：

一、心一堂術數古籍珍本叢刊

二、心一堂術數古籍整理叢刊

前者以最新數碼（數位）技術清理、修復珍本原本的版面，更正明顯的錯訛，部分善本更以原色彩色精印，務求更勝原本。并以每百多種珍本、一百二十冊為一輯，分輯出版，以饗讀者。

後者延請、稿約有關專家、學者，以善本、珍本等作底本，參以其他版本，古籍進行審定、校勘、注釋，務求打造一最善版本，方便現代人閱讀、理解、研究等之用。

限於編校小組的水平，版本選擇及考證、文字修正、提要內容等方面，恐有疏漏及舛誤之處，懇請方家不吝指正。

心一堂術數古籍 珍本 整理 叢刊編校小組

二零零九年七月序

二零一四年九月第三次修訂

簡易相法祕訣目錄

第四章　身體相法

第五章　手足相法

簡易相法祕訣

上海星相研究社編輯

第一章　相法總論

△相術緒言

相人之法。創自唐虞以上。至周秦以後。其道大昌。觀於管輅見趙賢面相短壽。而憐其純孝性成。明示以借壽之法。其說似近迷信。科學家必嗤爲怪誕。然而孔子生異相四十九表。（註曰、孔子四十九異表、即反首、注面、月角、日準、河目、海口、龍顙、蚪唇、昌顏、均頤、輔喉、駢齒、龍形、龜脊、虎掌、胼脅、修肱、參膺、圩頂、山臍、林背、翼臂、注頭、阜脥、堤眉、地足、谷竅、雷聲、澤腹、修上、短下、末僂、後耳、面如蒙倛、手垂過膝、耳垂珠庭、眉有一十二彩、目有六十四里、「具備周天易理、而能知往知來」、立如鳳峙、坐如龍蹲、手握天文、足覆度字、望之如仆、就之如昇、視營四海、躬履謙讓、身長九尺六寸、腰大十圍、胸有文曰制作定世守、）見於家語。如來具三十二相。八十種好。（註曰、如來三十二好相、一相種百福、其相即表法身、足安平、如輪輻、十指纖長、手足柔軟、四肢縵網、足跟滿足、足趺高起、腨「股肉」如鹿王、手過膝、馬陰藏、身縱廣、毛孔生青色、毫毛向上靡、身色如金石、身光週一丈、皮膚細膩、七處平滿、兩腋平滿、身如獅子、身端直、肩圓滿、齒生四十、白淨齊密、門牙最白、頰車如獅、津液多、味如甘露、廣長舌、梵音深遠、眼色如金精、睫毛如牛王、眉間生白毫、頂肉高如髻）載諸貝葉原文。自屬信而有徵。要知相術。前賢用以指人迷路。令人趨吉避凶者也。如有爽陰隙者。點破暗昧。使之修省。歸正。有困頓無策計不欲生者。示其後祿。使之免生短見。有應遭刑戮相者。勸其戒性從善。可免惡難。有現兇惡煞紋者。

指點其安分避災。有現陰德氣色者。預獎其天爵。而修福。有沈湎酒色而近於死者。指示其修本固原。以延年益壽。由是以言。相術實為有功世道之見。惜乎前賢著述之相書。流傳日久。自元迄明。眞傳口訣。已失泰半。兼之翻版刊印。魯魚亥豕。舛誤百出。部位刊錯。則差以毫厘。謬以千里。所以談相者盛行。相得準究者無幾也。此非後學之資質愚魯。與不下苦功研確。實由於無善本相書為之導師耳。予素喜瀏覽相人書。當世所公認之四大名著。一曰麻衣相法。（麻衣為希夷之師、希夷為五代時人陳摶之賜號、麻衣於華山石室中劃爐灰以授其相術、故有石室神異賦一篇、確為麻衣眞傳、惜乎工詞藻而少實用、至於麻衣神相編、大半搜集他人著作合併而成、非盡麻衣眞傳祕決也）二曰柳莊相法。（按柳莊為明代袁忠復之別號、乃是明初之名相家、專與王侯將相往來、故有永樂百問、論理雖精、與普通人不甚合用、）三曰神相鐵關刀。（是書為江右大安山華陽寺僧、別號雲谷山人所著、初本不知相、得異人授以洩天機一書、潛窺半載、始通相人法、遂挾術遍游四方、易名鐵關刀、為人談相、前後不爽毫厘、人咸稱之曰神相鐵關刀、即以之為著述之題名）四曰水鏡集。（為清初海昌范歸號文元者所著、並非術士、喜觀相人書、以孝義聞於鄉、不幸以明史案被累入獄、當道憐其孝行、未加株連、出獄後力行善事、廣積陰功、覺獲多壽多男之福、特著水鏡集以行世）立論各有所長。亦多相同處。予應中央書店之請。編輯是書。選擇四大名著之精華。冶為一爐。正其刊誤。聊供世之同好者之借鑑耳。

△江湖四相

古時相法。並無派別。執此業者。大抵屬飽學貧士。飢寒驅人。遂挾相術以資餬口。其術較精。降至近世。流為江湖末技。切口謂之斬盤。操此業者。都屬略通文義之失業游民。購一種相法書。翻閱若干日。記憶力強而讀書稍多者。自可全部了解。記憶力弱而讀書不多者祇能了解全書十之二三。於是相者遂有派別之分。其別有四。卽挂張、搶巾、摸骨、量手是也。此四者爲時下風行之相法。就上海而論。已覺市區隙地間觸目皆是。因其學習容易。設備簡單。於是是則是效。比較算命卜易。多出幾倍矣。雖則其術不精。却爲江湖上一種謀生之捷徑。用是分論如下。

一挂張相　挂張者何。卽於門前牆角。懸挂一幅方面大耳之半身畫像也。畫法隨時代而變易。以前用紅頂花領、現在都畫大禮服。或是西裝。此種相面。居四者之首。排場之闊狹。視其人手頭之有無而定。上焉者僦居爵祿、東方飯店中。專爲過往官商看相。相金起碼兩元。多至十元二十元。中焉者寄居中等旅館。門口揭示某某貴人之照片或畫像。附加說明。此爲挂張之別開生面者。相金以一元爲最普通。下焉者或租廟宇一席地。租金按日計算。或於行人往來最多之地。懸一布幅畫像於牆陰屋角間。相金少至四角。多至六角。此三者之本領大有高下之分。賃居大飯店之上等挂張相面。必要有眞實本領。對於痲衣、柳莊、水鏡、鐵關刀等相書中之歌賦。秘訣須要熟讀牢記。還須精通江湖術語。此所謂拏人法。所以寄居大飯店大旅社。專爲找尋過往之達官巨賈。偶然相遇。先與之作寒暄。延入房間中坐定。觀其面相。卽用一二江湖術語爲之論相。說得要準確。此非有眞本領。不可達官巨賈被其一言道着癢處。勢必追問究竟。於是生意成功。雖則旅費較大。一日苟有二三人看相。卽能糊口矣。中等挂張相面。半賴眞本領。半賴江湖術語。下等挂張相面。全憑江湖術語。見人經過。卽笑語之曰。尊駕土星生得如此隆厚。早該大發其財。惜乎面上氣色不甚好看。只怕福未至而禍先來。過路人聞此數語。若然止步接談。生意必定成功。只怕置若罔聞。

二搶巾相　此種相面。全無眞實本領。每當下午四五點鐘。擇鬧中取靜之市街寬闊處。兀立其間。挂張有用有不用。見有商人走過。出其不意。搶取其人手中之白絲巾。故曰搶巾相。待人伸手向之索還。即執其手。爲之看手相。一面還其巾。一面連說看手分文不取。幷用江湖訣道着其癢處。待其人出言詢問。交易成功。於是憑三寸不爛之舌。說得天花亂墜。引動旁觀者伸出手來。請其觀看。則生意接續而來

三摸骨相　此三字乃江湖術士。異想天開。獨樹一幟。自稱摸骨神相。實則毫無眞本領。並且不通文義。不能熟讀麻衣相法等書。爲飢寒所迫。不得已。巧立名目。迎合人之好奇心。按其實祇有十五句口訣。根據神相鐵關刀中之相骨秘訣而來。甚至有不識字者。亦賴此以騙錢餬口。可笑亦可憐也。江湖相術中最易學習者。惟有此法。茲將摸骨相口訣錄左。此係江湖相法準不準不知也。

玉枕骨（即腦後骨諸家相法中都有之）高正者。主富貴雙全。平陷者主貧賤。頭殼頭兩邊凸出者。主聰明富厚。鼻梁如竹節者。剋子。低塌者夫婦不睦。　顴骨高聳者。男主掌權。女主剋夫。平塌者心無主宰。頦骨斜出。謂之腦後見腮。主待人刻薄無情。喉骨圓而小者。百歲安閒。尖而大者。一生勞碌。耳輪脆骨呆板者。聰明多智。活動者。生性狂傲。頸骨下連胸肋骨。平鋪而不凹凸者。一生安樂。臀骨高起者。富貴悠久。低陷者。終身貧賤。指骨纖長。主聰明。粗短主愚鈍。臂骨粗者力強。細者力弱。脚骨薄者主勞碌。厚者主安逸。

四量手相　手相相法書中論及者夥矣。如麻衣集中相手。重掌紋。水鏡集中論手分八卦五行。兼及掌紋。而以手之長短分貧富貴賤者。祇有當世一知半解之江湖相士。美其名曰量手相。攷其實際與摸骨相彷彿。毫無相人學問。祇憑幾句江湖訣以自欺欺人耳。操此業者方外居多。全無排場設備。兀立於鬧中取靜之牆陰屋角間。指帶小銅尺一根。長約二尺許之粗絲線一根。布軸一幅。畫二三十只手形於其上。懸挂牆上。傍拈幾紙相手訣。單量手指長短定一生之榮辱。掌紋面相。都置之不問。實因不識部位紋

理只好熟視無睹相法安有如此容易在若輩亦有量手書為證並非刻本係向師父或同道中抄寫而來憑無價值之杜撰死書判斷大同小異之活手猶不細看指掌紋而能一量長短可知其人之貧富貴賤天下甯有是理祇因其法簡單即目不識丁之無業游民亦可學習可稱為最簡捷之江湖相法故將量手相口訣八條照錄如下

量手法分男左女右祇憑一手五指之長短分貧賤本來手指長短兩手相同無煩兩手皆量

五指長九寸三分主位至公侯富堪敵國　九寸二分主作富家翁堪與鄧通和嶠媲美　九寸一分主小康而有聲於社會　九寸零主享妻財子祿　八寸九分主衣食無虧財來財去僅足溫飽　八寸八分寄人籬下得免窮困　八寸七分奔波勞碌時虞窘迫　八寸六分生性愚笨常處逆境　八寸五分以下劣多優少貧賤者多不免當面直言例用江湖訣亂談幾句此種相法祇可騙下愚不可欺中資上流社會中人見之都嗤之以鼻若輩亦不敢視作主顧也予照錄摸骨量手兩口訣並非供人學習聊資參攷而已

△相圖舉要

流年運氣部位圖

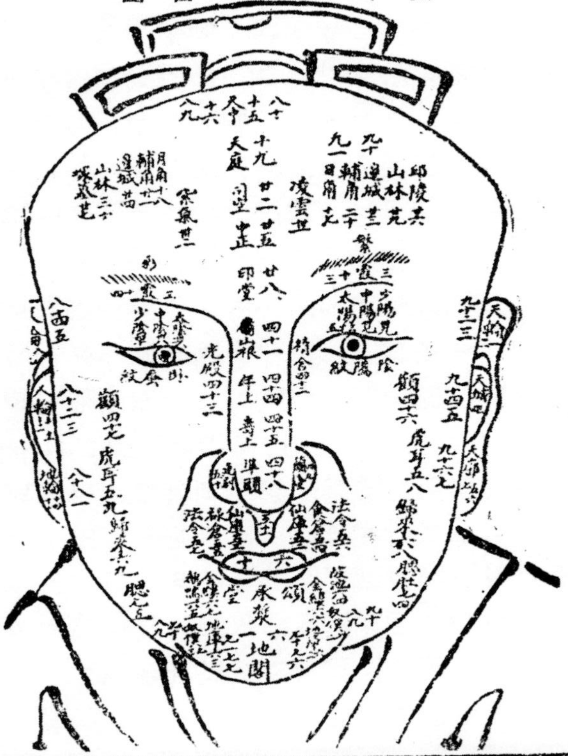

五星六曜五嶽四瀆圖

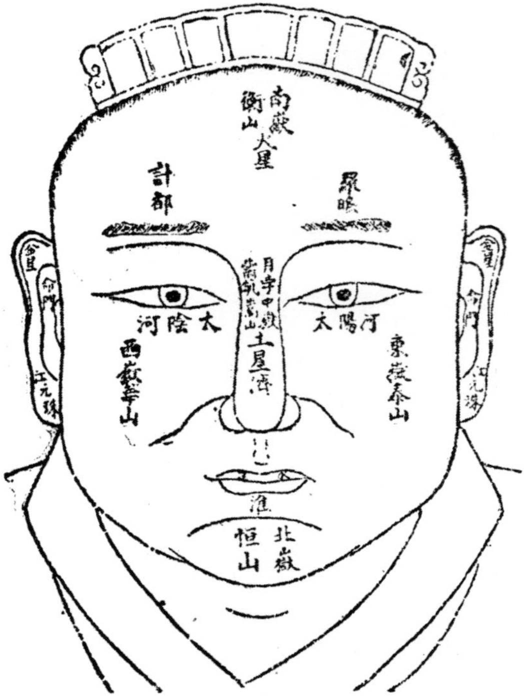

十三部總要圖

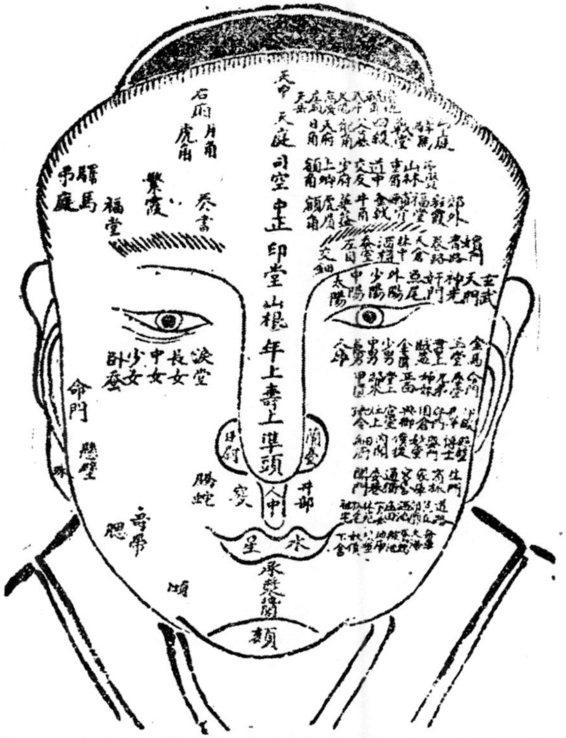

十二宮分圖

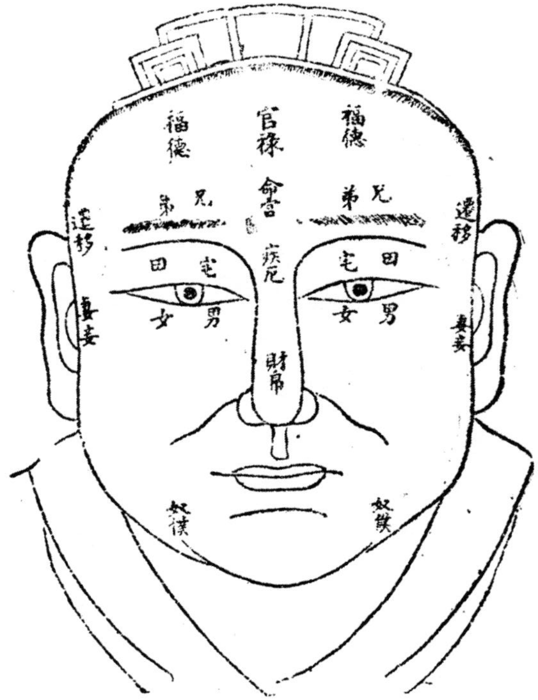

六府三才停圖

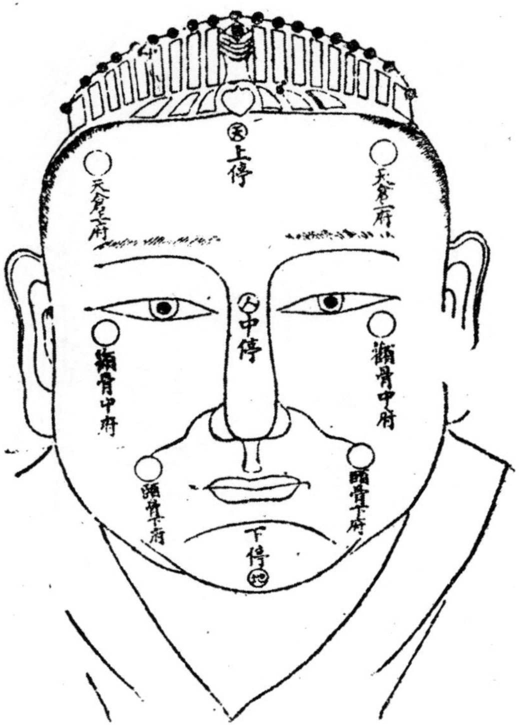

男人面痣圖

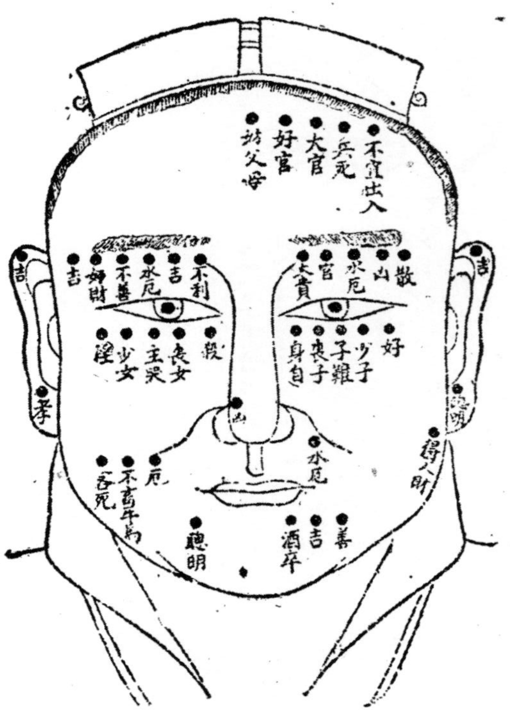

女人面痣圖

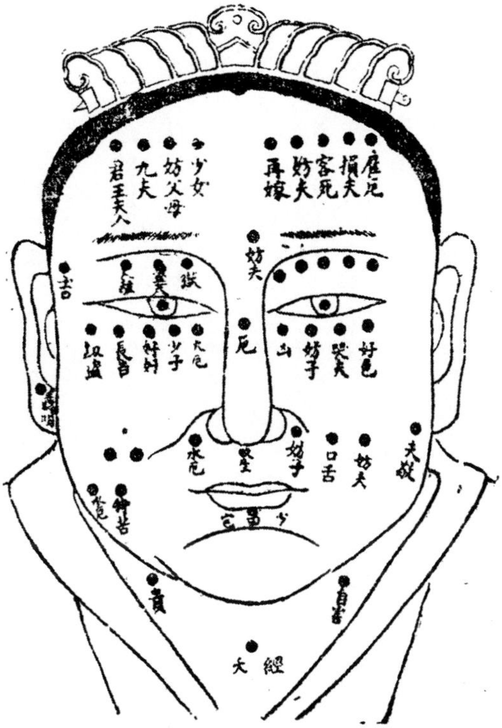

第二章　相術歌訣

△五形定局訣

觀相之法。先辨面上部位。及星曜嶽瀆。六府三才三停十二宮。全在面部有圖可按容易辨別。惟形格定局變化無窮。且爲相法之樞要。所以名相家看相。先審形格。凡相有肥瘦先後之不同。難作形格之佐證。惟有掌定在先天。自少至老。不能移易。是故求形必先求掌。乃爲其種子。若憑肥瘦定人形格。差之遠矣。况金木水火土五行之體。俱有肥瘦。如金形若石。石有大小輕重之分。木形若樹。樹有清秀凝濁之別。火有太陽燈燭之分。水有江海池沼之別。土有山岡邱阜之殊。此爲成形之相。尙不能以肥瘦作佐證。無氣格者。更不足道矣。惟有相掌定五形格局。庶無錯誤。此法麻衣柳莊。皆忽略視之。惟有雲谷山人（卽鐵關刀）論之甚詳。玆錄其歌訣如下。

一、木形掌瘦指長紋多　如面色紅。是帶火。額高面鼻俱長者。是木火通明之格。如面色白形帶小方而頭圓者。是帶金。如面黑唇紅紋深而毛光黑者。是帶水。　如掌厚身肥頭平鼻豐而面靑黃者。是帶土。

訣曰。掌瘦指長頸又長。鼻長身瘦腰略窄。眉疎鬚疎髮亦疎。聲音清脆方合格。行動飄逸身仍定。耳白唇紅額又高。兩眼有神分黑白。便是木形富貴人。

二、土形掌方厚指方短八卦現　如頭平地角方鼻大身胖。肉實不露筋骨。是土之正格。如面紅頭尖是帶火。面尖瘦是帶水。面圓色白是帶金。面上朧朧色黑是帶水。

訣曰。頭平頂正鼻頭豐。地閣朝元方正宗。枕骨平橫面黃赤。背腰平厚腹垂洪。頭短掌方足背厚。聲沈耳厚髮眉濃。眼長顴起面田字。五岳相朝富貴公。

三、金形掌圓厚色澤潤指節圓。如頭圓面微方而色白者正格也。面色紅是帶火。面黑是帶水。面黃是帶土。面瘦青是帶木

訣曰、頭面皆圓耳色白齒白唇紅身不黑骨肉調勻鬚髮疎腹圓背厚聲清亮掌平方厚顴骨高胸平有肉肥合格行動身體不輕浮便是金形眞貴格。

四、火形掌瘦指尖露筋骨掌疎 如面赤髮焦眼赤全火也面青帶水頭骨太重而面圓是帶金面方厚色黃是帶土

訣曰、頭尖肉紅性又急。髮焦鬚黃鼻露骨。顴尖骨露眼睛紅眉上火毛胸帶突掌尖而薄且露筋行動身搖耳尖拂聲音微破額孤高唇超露齒火形實。

五、水形掌肉浮脹軟滑不露節微露筋指短而圓如面浮脹身肉浮胖色黑而眼露者正格也如面紅是帶火面白是帶金面黃是帶土面瘦小多鬚髮者是帶木

訣曰、肉多浮腫腹低垂眉濁髮潑眼神露聲帶痰滯音不響唇厚口大臂多骨頸多皺肉行難穩指短肉多掌形闊此是水形成格局細察神强富貴洪。

以上祇言五形成格局至於貧富貴賤不在此例。

△附掌圖

△看掌秘訣

八卦宜滿明堂宜深掌紋宜秀掌色宜鮮賓主宜配指節宜藏指肉宜明嫩掌面宜有肉掌背宜厚不露筋骨掌紋深秀成字成印成令皆主貴紋溢掌背主破耗紋冲四指主功名紋冲坤位主好色紋亂巽位主破財麻衣相法中所載七十二種掌紋實非麻衣眞傳穿鑿者居多(參看手足相法)此訣當與掌圖同看圖中所注開門紅潤出入近貴用兵吉生門休門亦然傷門青暗必有刑刼景門青暗出入必防

掌[illegible]圖

掌中八卦有生黑黶痣在卦位者不利

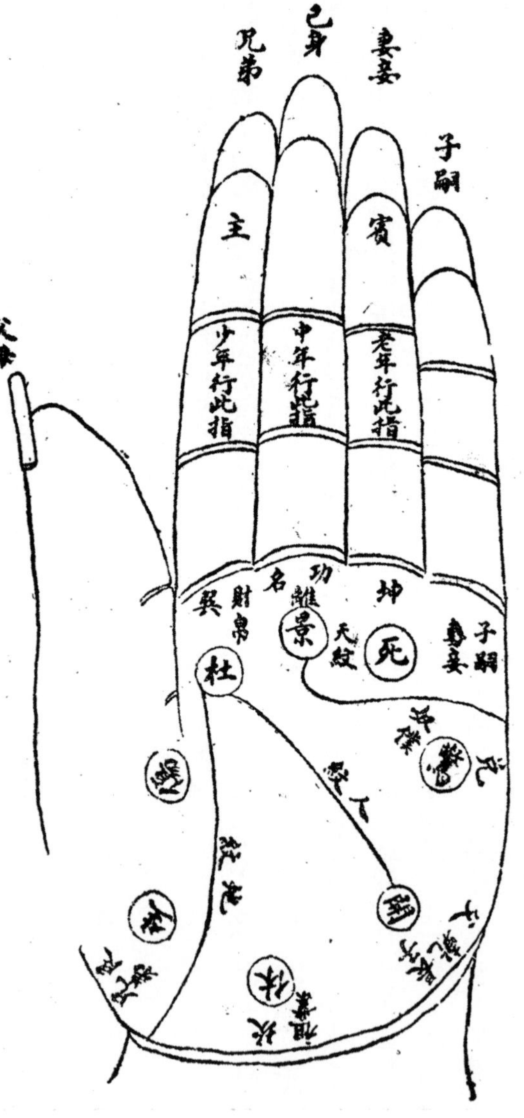

災。盜驚門青暗。主大驚嚇。杜門青暗。不利出行。主大破財。死門青暗。主死亡。

△十二宮分論（參看十二宮分位圖、見第一章）

一、命宮　在兩眉之間。山根之上。光明如鏡。學問通達。山根平滿。主福壽。土星高聳。豐富厚。眼目分明。富貴雙全。額如川字。命逢驛馬。大顯官星。凹陷必定貧寒。眉接交加。成下賤。紋亂離鄉。又剋妻。額窄

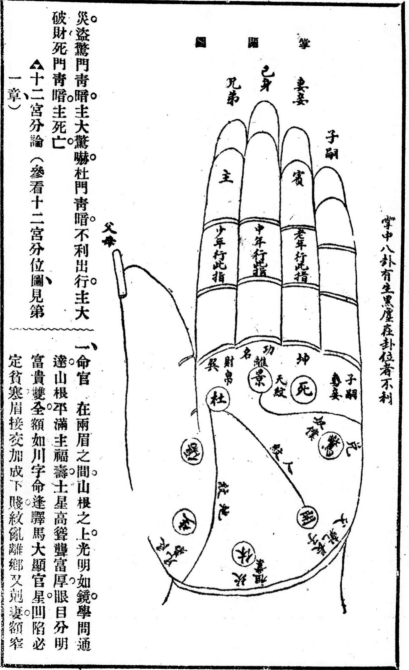

眉枯窮苦相。
訣曰眉眼中間是命宮。光明瑩淨學問通。若還紋亂多蹇滯破盡家財辱祖宗。

二、財帛宮　鼻乃財星。位居土宿。截筒懸胆千倉萬箱聳直豐隆。一生富貴中止不偏福祿永鷹嘴尖峯貧賤終鼻孔仰天主家無宿粮廚灶空必然室如懸磬。

訣曰鼻主財星高且隆。兩邊廚灶莫教空。孔仰家無財與帛。地閣相朝倉穀豐。

三、兄弟宮　位居兩眉星名羅計。左眉屬羅。右眉屬計眉長過目三四兄弟無刑眉秀而清弟兄必有發貴形如新月永遠超羣短粗而環雁行必然疎別眉毛兩樣手足定須異母交連黃濁身喪他鄉頭高眉低同氣不睦。

訣曰眉爲兄弟軟清長手足生成四五强兩角不齊須異母交連黃濁喪他鄉

四、田宅宮　位居兩眼最忌赤脈侵睛初年破盡家園。陽失陷到老無粮。眼如點漆終身產業榮昌。鳳目高眉置稅三州五縣黃暗神露財散家傾

訣曰眼爲田宅主其宮清秀分明一樣同若是陰陽枯更露父母家產盡成空

五、男女宮　位居兩眼下男左女右名曰淚堂三陽平滿兒孫福祿榮昌隱隱臥蠶子媳還須清貴淚堂深陷子女無緣黑痣斜紋不得男女送老更兼口若吹火獨坐閨房(言女相剋夫)人中平滿難得子息

訣曰男女三陽起臥蠶。瑩然光彩好兒孫。懸針理亂來侵位宿孽半生了不清

六、奴僕宮　位居地閣重接水星頦圓豐滿侍者成羣輔弼星朝一呼百諾口如四字主呼聚喝散之權倉庫偏斜施恩反成怨恨紋成敗陷奴僕不周

訣曰奴僕還須地閣豐水星兩角不相容若還三處都無應傾陷紋痕奴僕空。

七、妻妾宮　位居魚尾名曰奸門光潤無紋必保妻

全四德豐隆平滿。娶妻財帛盈箱。顴骨侵天因妻得祿。奸門深陷常作新郎。魚尾紋多妻防惡死。奸門黯黲常要生離。黑痣斜紋外情好而心多淫慾。

訣曰。奸門光澤保妻宮。財帛盈箱有始終。若是奸門生黲黯。斜紋暗滯子偏生。

九、疾厄宮 位居山根年壽之間。山根光潤常無病。若然昏暗定主災病連綿。

訣曰。山根疾厄起平平。一世無災禍不生。若値紋痕幷枯骨。平生辛苦却難成。

九、遷移宮 位居眉尾名曰天倉。隆滿豐盈華彩。安樂無憂。魚尾位平。到老得人欽羨。光騰驛馬。主游宦四方。額角低陷。到老住場難覓。眉連交接。破盡祖業。天地偏斜。十居九變。生相如此。必須移門改基。

訣曰。遷移宮位在天倉。低陷平生少住場。魚尾本年來相應定。然游宦姓名揚。

十、官祿宮 位居中正上合離宮。伏庫貫頂。一生不到訟庭。驛馬朝歸。終身官司不擾。光瑩明淨。顯達超羣。額角堂堂。犯着官司貴解。紋痕陷破。常招橫禍。眼如赤鯉。決犯徒刑。

訣曰。官祿榮宮仔細詳。山根倉庫要相當。若然瑩淨無痕點。定主官榮福祿長。

十一、福德宮 位居天倉牽連地閣。五星朝拱。平生福祿雙全。天地相朝。（天地、天倉地閣也）德行全備。五福額圓。額窄須知苦在少年。額潤頦尖迍否。應乎晚景。眉高耳聳。還可榮身。眉壓耳掀。休言福澤。

訣曰。福德天倉地閣圓。五星光照福綿延。若然缺陷幷尖破。衣食平生缺不全。

十二、相貌宮 此係相貌總論。先觀五嶽。次察三停。倘五嶽朝歸。三停平等。永保平生顯達。官祿榮遷。行坐威嚴。爲人尊重。若五嶽歪斜。三停不均。一世貧苦。額主初限。鼻主中限。水星地閣主末限。若有剋陷。斷爲凶惡。

訣曰、相貌須看上下停。三停平等貴相生。若是一處無匀配。好惡中間有變更。

△十二宮總訣

父母宮論日月角。須要高圓明淨。主父母長壽康甯。低陷則幼失雙親。暗昧主父母有病。左角偏妨父。右角偏妨母。或則隨母嫁父。出祖成家。災異重重。惟假養方免刑傷。又重羅疊計。父母重拜。或則父亂母淫。且妨父母。頭側額窄。定是庶出。左眉高右眉低。父在母先亡。左眉上右眉下。父亡母改嫁。額削眉交。椿萱早萎。兩角入頂。父母雙榮。且得祖蔭。氣色青。主父母憂疑。且有口舌刑傷。紅黃色主父母多福壽。黑白色父母雙亡。

△十三部位總訣

十三部位者。乃一百二十部位之總關。額之上五部。乃天中、天庭、司空、中正、印堂之位。照應邊地、驛馬、山林、郊外、巷路之位。以定貴賤。鼻之中四部。乃山根、年上、壽上、準頭之位。照應天倉、金匱、甲匱、園倉之位。以定貴賤。頦之下四部。乃人中、海口、承漿、地閣之位。吊動、細廚、井部、家庫、莊田、波池之位。以定貴賤。總之十三部位形須豐滿。色須瑩淨。又須有情朝拱者吉。低陷青暗者凶。

△五嶽四瀆總訣。

【五嶽】額爲南嶽衡山。鼻爲中嶽嵩山。在顴爲東嶽泰山。右顴爲西嶽華山。頦爲北嶽恆山。斷曰、五嶽取中嶽爲最尊。須要高而隆。兼得東西二嶽相朝應爲吉。不高不隆。則無勢。壽限必短。而且中嶽陷而失勢。則四嶽無主。縱有好處。亦無威權矣。中嶽尖薄。中年破敗。東西二嶽傾側無勢。亦主中年破敗。南嶽要廣平高闊。少年有成。如傾側不宜早。當家。北嶽豐闊。主晚年富足。尖削缺陷。到老無成。故云五山朝拱。福自天來。

【四瀆】耳爲江。目爲河。口爲淮。鼻爲濟。斷曰、四瀆取深藏。清潔。形勢合格。定然財穀豐盈。縱有五嶽高峻。無水不秀。如耳爲江瀆。竅要闊而深。有重城之副、潔淨主聰明肉厚色白主得妻財目爲河瀆。取深長黑白分明主聰明富貴淺露圓凸昏濁者、貧窮無壽。口爲淮瀆。唇吻取方闊覆載、上薄則不覆。下薄則不載。無晚福而少壽、鼻爲濟瀆。取豐隆光潤、圓正有收。不破不露主家有積蓄、故云、四水莫教淺五六主兇災。

△五星六曜總決

【五星】　訣曰、左耳金星須要白。官位終必獲。右耳木星須要朝。五福並相繞。口爲水星須要紅。貴顯作三公。頦爲火星須得方。必定有金章。鼻爲土星須要厚、長壽身健康。　金木二星屬兩耳貴在輪廓。分明紅白色瑩潔。大小門闊生得端正、忌尖薄而小。高過於眉者主大貴若得金木二星照命。發福必早。反側窄陷者。主破財無學識。水星是口。爲內學堂。須要唇紅方闊。八中深長。口齒端正潔白。主有文章。爲官食祿、若唇掀齒跑口角垂。必然貧賤。火星是額。生得豐滿廣闊髮際高者。主有祿位。尖陋多紋理者。功名無分。兄弟無情。損妻破財。土星是鼻準頭、豐滿兩孔不露。年上壽上平滿端正。不偏至額。其人土星入命。必然福祿壽俱全。如尖露不正低陷。定主貧寒。

【六曜】　左眼太陽星。光明福祿強。右眼太陰星。漆黑有官職。左眉羅睺星。長者食天祿。右眉計都星。齊者多子息。山根月孛星。直者足衣食。印堂紫炁星。圓者有官職。　太陽太陰二星。要黑白分明。長細入鬢。主大貴。黑多白少。神光弈弈。作事俱順。骨肉俱貴。黑少白多。或作黃赤色者。損父母。刑妻兒。破田宅。多災少壽。月孛星是山根。從印堂直下。宜高而光明。主貴。如文冲破陷。正當月孛照命。刑妻剋子。破財多災。羅計二星是兩眉。粗黑有彩。眉連鼻首。主豐衣重祿。子息蔭貴。兩眉相連。橫入命宮。爲人量淺無志。骨肉多災。

△六府三才三停總訣

【六府】　天倉爲上二府。顴部爲中二府。頦位爲下二府。六府喜充實相輔。忌支離孤露。靈台祕訣云上二府自輔角至天倉。中二府自命門至顴。耳下二府自肩骨至地閣。俱要充實無缺陷者主財旺。天倉峻起多財祿。地閣方厚萬頃田

【三才】 三才者。額爲天。欲闊而圓。名曰有天者貴。鼻爲人。欲正而齊。名曰有人者壽。頦爲　闊名曰有地者富

【三停】 髮際至印堂爲上停。初主。自山根至準頭爲中停。中主。自人中至地閣爲下停。末主。此爲面上三停、三停平等富貴榮顯。三停不均。孤夭貧賤。訣曰。面上三停仔細看。額高須得耳明寬。學堂三部未能足。空有文章終不官。

△四學堂八學堂祕訣

【四學堂】 一、眼爲官學堂。要眼波長而清秀。黑白分明。故又名官星。幷稱明秀學堂。主文章聲譽而貴顯。二、印上爲祿學堂。乃天爵之位。訣曰。額闊頂平中正滿。有官有祿早年成。三、當門兩齒爲內學堂。又名祿食學堂。要周正而密。瑩潔如玉。主忠信孝敬多祿食。疎缺而小者。狂妄不吉。四、兩耳爲外學堂。又稱聞名學堂。乃金馬玉堂之位。須得紅潤色。白於面。圓厚如巽桃者。定主爵祿豐厚。富貴非常。

【八學堂】 第一頭爲高明部學堂。主富。要頭圓。或有異骨昂起。第二額爲高廣部學堂。主福。在兩角須額角明潤。骨起方。第三印堂爲廣大部學堂。問官在印。須平明無傷痕。第四眼爲明秀部學堂。問貴在目。要黑多有彩。神隱藏。第五耳爲聰明部學堂。問名在耳。要有輪廓。而白淨紅潤。第六口脣爲忠信部學堂。問祿在口。要牙齊周密。白如霜。第七舌爲廣德部學堂。問德在舌。要舌長至準。紅紋長第八眉爲班笋部學堂。主壽。要細長而秀

以上各訣立論頗多重複。但諸家相法。都是如此。本書採取各家相法之精華。殊難避免重複之嫌。

第三章　面部相法

△相頭（并頭骨）

頭爲六陽之首。居百骸之主。受五行之資。爲萬物之最靈者也。范文元曰。頭象天。足象地。眼象日月。聲音象雷霆。血脈象江何。骨格象金石。鼻額象山嶽。鬚眉象草木。此爲相法之大概。語云。萬事須從頭說起。相法亦然。故先論頭。相頭短者欲圓。頭長者欲方。頭骨取豐而起。頭皮取厚而潤。兩角頭起。爲卿相。天庭平滿。定家豐。太陽穴有骨。名曰扶桑骨。耳後有骨曰壽骨。高怪者多壽。低陷者貧夭。老祖云。頂平頭圓額又方。定主富貴早功名。頭頂平窩仙聖品。腦後連山富貴流。頭小頸長貧夭相。蛇頭屈曲食糟糠。頂骨連鼻終拜相。脊骨連枕。（玉枕骨在腦後）武封侯。頭偏額窄難言壽。頭尖頷細苦憂憂。虎頭燕頷封侯相。方頸圓頭後福多。按骨乃精成。肉係血就。凡屬胎元。都由精神氣血而成。得正氣則其骨秀而氣清。得邪氣而成者。其骨粗而氣濁。所以名相家論人貴賤。先辨人骨氣。骨勝而少氣者。爲弱。肉勝而少骨者。爲虛。而一生福壽。惟頭骨可封。（封驗也）苟頭有奇骨。無奇神相應。亦無大成。苟五嶽四瀆不合格。亦難發福。故論一身貴相。在乎頭骨。按頭部共有七十二骨。額有八骨。伏犀骨、日月骨、邊地骨、福堂骨、龍角骨、虎頸骨、印綬骨、金城骨是也。天庭骨要隆起。枕骨要連肉起。頂骨要平起。日月骨要角起。太陽骨要線起。眉骨要稜起。鼻骨要伏起。懸鼓骨要連準方起。顴骨要插起。如高聳入鬢。名驛馬骨。玉樓骨（在兩耳之上）要豎起。以上諸骨皆主大貴。或則富貴雙全。凡人五官不正。而得安富尊榮者。可以頭骨鎮之。總之頭無惡骨。生來合格得勢者。非富卽貴。如頭頂骨圓正平起者。主賢。天庭骨方闊豎起者。主貴。日月骨角起者主聰明。金城骨（在日角之左、月角之右）直起者位至三公。天性骨從天庭貫頂。名伏犀骨。直起者。位至公卿。惟須色相神方貴。顴骨插起者。主威權。如相連入耳。名玉梁骨。主長壽。枕骨隱起者。主貴壽。眉隨骨起帶威勢者。定是英俊。頦骨朝起而鬚清髭硬者。主晚年榮貴。頂骨尖起者貧。天庭骨聳出者。主剋。日月骨陷露者刑。腦骨插露者凶。算骨橫出者惡。兩倉骨陷出者貧。眉骨露而無眉無肉者。刑妻剋子。骨軟者多福。骨橫者凶。刑骨俗者愚。骨圓者福。骨上有筋而毛粗者貧窮。骨肉平和者俊秀。不獨頭骨爲然。身骨亦若是也。

△相面

面爲儀表。列百部之靈居。通五臟之神路。推三才之成象。定一生之得失者也。論相以面部爲總樞。故相士俗稱相面先生。至於面相。五嶽四瀆須得相朝。三停六府須得豐勻。貌端神靜。氣和色瑩者。富貴之基。欹斜傾陷。色澤昏翳。形貌醜惡者。貧賤之兆。是以面色白如凝脂。黑如點漆。黃如蒸栗。紫如絳繒者。皆主富貴。面色赤暴如火者。命短卒亡。毛色茸茸。昏濁枯燥。面部如蒙塵垢者。貧窮夭壽。色怒變青藍者。陰謀毒害之人。面作三拳者。男主剋子而貧。女主剋夫而賤。面如滿月。神彩射人者。謂之朝霞面。男主公卿。女主夫人。面皮厚者。性和而孝。面皮薄者。性敏而貧。面方耳大。位至卿相。面田背駝。財聚千箱。面反無勢。貧少幫助。面起重城。萬人皈依。面大鼻小。辛苦到老。面大鼻尖。晚年刑傷。顴插天倉。威震邊疆。面薄無腮。必是窮胎。面肉浮起。破家損子。面皮繃鼓。壽必夭亡。面腫鼻扁。多爲奴卒。身肥面疲者。命長性緩。身瘦面肥者。命短性急。面無人色。爲人寡合。面多雀斑。刑剋蹇難。

訣曰、天庭欲起司空平。中正廣闊印堂明。山根不斷年壽闊。準頭齊圓人中正。口如四字承漿闊。地閣朝歸倉庫應。山林圓潤驛馬豐。日月高分邊地靜。陰陽肉多魚尾長。正面顴骨有神志。闌台平滿法令正。金匱海角色微黃。三陰三陽不姑息。龍藏虎伏恰相當。五嶽四瀆無剋破。便是人間有福郎。

△相耳

左耳爲金。右耳爲木。不論耳之大小。取輪郭分明。垂珠貼肉。色鮮紅潤。耳門闊大。厚而堅。聳而長者。貴而多壽。所忌耳尖皮薄。黑乾焦枯。輪飛廓反。必然貧窮凶夭。耳白過於面。名楊四海。厚大垂肩。必然發貴。耳暗運蹇。耳低運遲。色瑩如玉。耳夾天庭。早得功名。耳照顴鼻。中運豐隆。耳尖似火紅。更兼準紅顴紅鬢密者。終防回祿。惟輪廓作桃紅色者。生性玲瓏。耳黑枯焦。離家破祖。耳若窄小。定主愚頑。耳門薄小。夭壽少食。耳門寬大。主長壽。堅而圓者。多祿壽。耳有成骨、壽命必長。耳內生毛。亦主長壽。男子左耳缺先死父。右耳缺先死母。婦女左耳厚。先生男。右耳厚先生女。兩耳一大一小。曾食二母之乳。總之相耳。必須參合宮部。以定終身。不可專憑兩耳星辰評斷也。

△相眼

兩眼爲太陽太陰二星。左爲日。右爲月。父母之泉也。須黑白分明。睛光朗照。星辰俱順。主富貴多男。眼長深而光朗者。大貴。細而深者。長壽。黑如點漆者主聰明。如白多黑少。黃赤侵睛。或陰陽反背。或黑白混雜定主破財刑妻剋子。故眼神取清淨光明。爲福壽。皆暗流露者。主貧夭。大而凸圓者促壽。凸暴流視者淫盜。赤縷貫睛者惡死。視定不怯者。神壯。羊眼者孤狠短小者愚賤。卓起者。眼下有臥蠶者。主生貴子。婦人黑白分明者。貌重。眼下赤色者產厄。偷視者淫蕩。神庭不流者福全。所以老祖論眼。最防流麗、情浮、赤縷。大抵視不宜偏。神不宜困。眩不宜反。光不宜流。其或圓而暴。短而深者。不善之相也。兩眼之間。名子孫宮。欲豐滿不失陷。訣曰、眼秀而長。必近君王。眼似鯽魚必定家肥。眼若龍睛而光亮者。食祿千鍾。眼看蜂狠而睛露青浮者。惡死奸刑。眼看鳳鴻而細長者。清高貴顯。見蓄蛇鼠而睛赤珠露者。奸盜惡死。眼若曉星四海聞名。眼大昏沈。貧而夭死。目烈有威。萬人皈依。眼色通黃。聰明鄙吝。眼若覷弓。作事奸雄。眼形三角生性貪惡。龍睛鳳目。忠孝全名。蛇眼鷄睛。忤逆絕頂。

浮光太露。惡死無疑、眼縫帶花。多作少成。日光如電。主貴顯、目尾插天、掌刑名。目短昏偏生愚笨、目廣方長聲名震、眼泛睛浮、貧窮夭壽。眼露四白。刑險遭兵。鷹目高視。心奸惡毒。鼠目偷視、貪淫作賊。鷄眼鴿睛、散走他鄉。火氣侵眸、官事重重、目赤睛黃。橫禍不小。訣曰眼如日月要分明。鳳目龍睛切要清。最怕睛黃兼目赤、一生凶害壽難長。浮大羊睛必主凶。身孤無着貨財空。細深皆是無心腹。斜視之人不可逢。眼長一寸封侯相。龍鳳眉眼配得眞。鷄睛鼠目總是賊。眼黑白分明信義人。左眼小者怕老婆。魚目難免兵刑死。大小不同何所招。兄弟生時異父母（三十五歲至四十行眼運）

△相眉

眉者楣也。爲兩目之華蓋。且係目之精華。麻衣相法中。相眉分二十四樣。立論最詳。泰半穿鑿而來。故眉樣從略不論。要知左眉爲羅睺。右眉爲計都。最忌帶煞。可別賢愚。眉主早成。三十一歲至三十四歲行眉運。取濃中細發、疎內不斷。短有神氣、長有起伏。細潤光彩者爲秀。媚如間斷逆流。浮暗枯索、粗硬散禿。壓眼低垂者爲最下乘、眉生如角、快樂無窮。眉戲印堂。多憂常慮、眉欲疎而秀。高而闊、直而長者。主聰明俊秀。粗濃、逆亂、短蹙者。主生性兇頑。眉長過眼者富貴。短不覆眼者乏財。壓眼者窮困。過昂者氣剛。眉尾垂眼者懦而滯。眉頭交加者。妨兄弟。逆生者不良、眉骨稜起者凶惡。眉高居額中而濃細有威者大貴、訣曰、命宮交鎖難保壽。濃如潑墨祿難通。細緊輕長兄弟五。兩角不齊須異母、高長入鬢爲卿相。短不覆目定孤窮。眉濃髮厚多勞碌。眼大還求羅計當。稜高疎緊情不斷。少年成名。兩眉插進日月角。長壽高官。粗短緊蹙皆不美。散亂稀少亦主凶。

△相額

額爲火星。天庭、天中、司空之位。俱在於額。爲貴賤之府。其骨欲隆而起、聳而潤、五柱入頂。貴爲天子。其峻如立壁、其廣如覆肝。明而潤、方而長者、貴壽之相也。

左偏者損父右偏者損母訣曰額前聳起隆而厚決定爲官爵祿昇左右偏斷爲賤相少年父母主分離髮若封隆骨起高能言性英豪天倉左右豐而貴日月角起主官曹中正骨起三千石陷時兒女主悽惶女人此相須重嫁男雖有祿退朝堂印堂潤澤骨起高少年食祿掌功曹仰月文星額上貴面圓光澤是英豪

△相印堂

印堂爲一面之明堂上應福堂武庫邊地之祿位下拱金馬玉堂顴耀之台星故印堂闊天庭廣日月角開眉目舒展兩顴有印天庭高朗印堂平闊土星直貫天中蘭台廷尉準頭朝拱可掌八方之印主定貴顯印堂低陷額角尖塌眉骨交鎖腮短少鬚定主多業多敗印堂側而山根斷魚尾低而食庫陷刑妻剋子印堂寬而兩目秀長定應功名顯達印闊顴開可得呼聚喝散之權伏犀骨貫入印堂定爲清貴之士懸針紋川山破嶺遭刑犯法之徒天庭牆壁皆方印堂圓滿早年發貴印堂最忌紋冲痣破主一生刑傷破敗無休印堂又爲紫炁星一身氣色之聚處福堂印堂準頭三光氣運明亮定主名利皆通要知吉凶未至氣色先從印堂或發或退也

△相鼻

鼻爲中嶽其形屬土故名土星關乎一生財運上爲山根中爲年壽下爲準頭蘭廷相輔相鼻當合諸部並論山根不厭高土星不厭平厚鼻柱左右二庫取其高長端正主財帛豐盈鼻孔爲庫之門戶取豐厚收藏方有積聚其庫不宜曲陷低塌其戶不宜尖薄掀露準頭尖曲爲人好奸山根低陷先敗祖業準頭掀露到老孤單年上壽上光潤豐起者不貴則壽富節薄點黑者不賤則夭壽隆高有梁者主壽懸膽而直如截筒者主富貴堅而有骨者壽相多橫紋者主車馬傷有縱理紋者養他人子鼻梁圓貫印堂者主得美妻鼻如鷹嘴取人腦髓鼻有三曲孤獨離家準頭帶紅家破人窮準頭圓肥者足衣食垂肉者好漁

色尖薄者孤貧鼻聳天庭四海聞名鼻梁無骨主夭
壽沒骨露梁主客死鼻準尖斜心如勾鼻梁不直欺
詐來鼻孔出外誹謗凶鼻生黑痣疾在陰裏鼻梁高
危兄弟寒微鼻如縮囊到老吉昌鼻如獅子聰明達
士鼻高而昂仕宦榮昌鼻上光瑩富貴全鼻頭短小
志氣少鼻柱廣長必多伎倆鼻直而厚生子封侯鼻
有缺破孤獨貧苦東西兩嶽高輔準頭圓滿相應謂
之三星聚位主有財祿眉接鼻梁早年發達到老加
封四嶽低而反勢鼻梁獨高謂之孤峯獨聳主六親
無靠財帛難聚準頭黃亮主生財祿黑如濕灰敗家
喪命

△附鼻形歌訣

龍鼻大貴百世流芳訣曰、龍鼻豐隆準上齊山根直
聳若伏犀鼻梁方正無偏曲位至三公福祿全
虎鼻大富擁貲百萬訣曰、虎鼻圓融不露孔蘭台廷
尉亦須無不偏不曲山根大富貴名褒四海聞
牛鼻大富容物容人訣曰、牛鼻豐齊根且深蘭台廷
尉又分明年壽不高亦不遠家積金銀家道豐
猩鼻有義富貴好施訣曰、猩猩之相鼻梁高眉眼分
明粗髮毛面闊唇掀身齊厚寬懷德重是英豪
鹿鼻仁慈富貴好義訣曰、鹿鼻豐齊準更圓清寬步
急義仁全驚疑初起渾無定福祿增添得自然
伏犀鼻大貴班超英才訣曰、伏犀鼻插天庭中山根
直上印堂隆肉不多分骨不露神清官位至三公
懸胆鼻富貴福祿拱輔訣曰、鼻如懸胆準頭齊山根
不斷無偏倚蘭台廷尉模糊小富貴榮華應壯期
蒜鼻主富結果增榮訣曰、山根年壽俱平小蘭台廷
尉準頭豐兄弟和諧多助力中年晚景富更饒
盛囊鼻富貴中年榮耀訣曰、鼻如盛囊蘭廷小兩邊
廚灶亦圓齊始末貲財俱大盛功名必定挂朱衣
胡羊鼻富貴財名雙美訣曰、胡羊鼻大準頭豐蘭台
廷尉亦相同山根年壽無呑露貴顯當時富石崇
獅鼻富貴全形達耀訣曰、山根年壽略低平準頭豐
大稱蘭廷若合獅形眞富貴無邊福祿一齊來

截角鼻富貴性直中和。訣曰、功名富貴截脩佳。準頭齊直不偏斜山根路遠年壽滿。中年富貴大成家。以上十二鼻形。非富卽貴餘如準頭豐紅不露孔者。謂之猴鼻主貧。準頭尖如鷹嘴者。謂之鷹嘴鼻主險惡。年壽骨聳蘭廷空者。謂之狗鼻定作賊。山根細小準頭垂。謂之鯽魚鼻。主貧賤。鼻有三曲三彎者。謂之三彎三曲鼻主孤。鼻梁露脊如刀背者。謂之劍峯鼻主孤。庭小準尖而露孔者。謂之獐鼻。主薄義。鼻瘦露脊山根小者。謂之露脊鼻主貧賤。孔大鼻高而竅露者。謂之露灶鼻主貧鼻頭無肉灶門開者謂之孤峯鼻主孤獨。年壽低壓山根小者。謂之偏凹鼻主貧夭。

△相口、

口爲大海。容納百川。上通五嶽。下通周體。且爲言語之門心之外戶。故端正不妄言。謂之口德。誹謗多言。謂之口賊。掀唇露齒洩元氣者主夭壽所以口欲厚而寬。唇欲端而正。齒欲排而齊。取深藏端方。闊厚紅潤爲德。口大者取其有收。小者取其紅方。闊而不正。大而不收。黑而不紅。尖而不藏。偏而斜。小薄而下垂者。貧窮凶夭之相也。口如四字。錢財富足。唇若塗朱。文章才俊。口如牛唇。必是賢臣。口不見唇。威鎮三軍。狗牙鳥喙。奸險多詐。嘴彇齙唇多誹多謗。低而角垂。常被人嫌。口如吹火。無粮孤獨。縱紋入口。（卽螣蛇入口）、餓死無疑。口如鼠食。讒毀嫉妒。口如馬嘴。飢來無食。口能容拳出將入相。口如縮囊。孤獨少粮。唇若噀血般富多貧龍唇鳳口。不可爲友。形爲劍鐔交情足義。口寬舌大。富足田粮。唇紅鬚白。老境亭通。唇青髭枯。壽命不長。口生黑痣。足食無憂。

△附口形歌訣

田字口。出類拔萃主富貴。訣曰、口角光明。唇兩齊。兩端略仰不低垂。生性聰明才學廣。富而且貴作公卿。

方形口。食祿千鍾主貴顯。訣曰、方口齊唇不露牙。唇紅光潤似硃砂。笑而不露齒齊白。定然富貴享榮華

仰月口。祿在其中主富貴訣曰口如仰月上朝彎。齒白唇紅似抹丹滿腹文章聲價美必然富貴列朝班

弓形口。特達名揚主富貴訣曰口若彎弓半上弦兩唇豐厚若丹鮮神清氣爽齒牙潔富貴中年福自然

牛口。福壽攸遠主富貴訣曰牛口唇豐且帶平一生衣祿主昌隆濁中帶清心靈巧富貴康寧壽若松

龍口。珠履簪纓主貴顯訣曰龍口兩唇豐且齊光明口角更清奇呼聚喝散擁通變玉帶腰圍官職高

虎口。德威並濟主富厚訣曰虎口闊大有收拾須知此口可容拳若不發貴定大富積玉堆金福自然

櫻桃口。聰明絕頂主富貴訣曰櫻桃口尖唇胭脂齒似榴子密且封笑若含蓮情和暢聰明拔萃紫衣穿

猴口。慳而不吝多福壽訣曰猴口兩唇薔又長唇中破竹更爲良平生衣祿皆榮足鶴算龜齡福壽康

以外更有猪口。上唇長闊下唇尖主凶貧吹火口。嘴尖形如吹火者主貧夭皺紋口。唇上皺紋似哭聲者主孤鮎魚口。鼻薄雙唇又欠圓主貧賤鯽魚口。口小如鯽魚嘴者主貧夭覆船口。口角渾如覆破船主貧苦

△相人中

人中、乃溝洫之象上通濟瀆下接淮水深則水流而不壅淺則水滯而不流故人中深長者富而多壽淺而唇騫者主夭壽端直者忠義之士屈曲者無信之徒且焉人中關乎週身氣血相其長短可定人生之壽夭（長者壽短者夭）驗其廣狹可定男女之有無（廣者多子狹者無子）鬼眼經云雖論人中然而上須辨土星之端與不端下須辨口之藏與不藏次視地閣之豐與不豐法令之端肅不端肅鬚眉之相應不相應若僅人中深長五官鬚眉皆破敗不相應便爲長壽之貧漢耳所以相人中上下水欲其通接四水欲其流通人中細狹者衣食足逼迫平滿者迍邅災滯上狹下闊者多子孫上廣下狹者少子息上下狹而中心闊者子女帶疾上下深闊者兒孫滿堂正而垂者長壽蹇而縮者夭賤歪斜短蹙者貧夭

縱紋一線者。多損兒郎。細如懸針者。絕子老貧。形如劈竹而仰者。家世有貂裘之貴。形如瓜稜樣者。定主貧而鰥寡孤獨。

△相唇

唇爲君齒爲臣。唇爲口之城郭。舌之門戶。一開一闔。關乎榮辱。故唇欲端厚而不尖薄。紅潤而不白黑。上下唇欲其覆載多紋理。上唇名曰金覆。下唇名曰金載。上下唇俱厚。主忠信而有文名。上下唇俱薄。喜妄言而性卑鄙。上唇厚而長。主命長。下唇薄而長。主貧食。眞龍唇主富貴。羊唇主貧賤。唇尖撮者窮。死唇垂者孤寒。血綻無紋。爲人自滿不謙。有紋有子。無紋無子。尖齙似鳥喙者多非。唇吹火子孫鄙。唇若綽薄少信義。紅如丹砂者富而貴青如藍靛者災而夭。昏黑者多病惡死。紫光者小康足食。色白而豔者招貴。妻色帶紅黃者生貴子。蹇縮者夭亡。薄弱者貧賤。上唇長先妨父。下唇長先妨母。唇色杏紅。不求自豐。唇如鷄肝。久病少瘥。紋理如花。富貴榮華。唇平不起。飢寒交併。唇缺而陷。貧而下賤。唇長齒短壽不夭。唇合不正言無信。

△相齒

齒爲骨之餘。可以卜富貴。定壽考。宜正而大。多而長。白而淨。三美全備。富貴福壽可期。忌缺而少。短而疎。貧賤可慮。內管丹田之氣。缺少則破財而祿稀。外職壬癸之司。多密則榮祿而壽永。短黑斜飛者刑傷子嗣。白長正大者。福祿雙全。疎少偏斜。多言無信。端齊縫密者。言必眞誠。結喉露齒必死他鄉。缺齒口垂。終防凍餒。少年落齒多不壽。中年落齒多剋刑。中年復齒壬添壽。晚年復齒更延年。齒白唇紅。闊大朝元祿必厚。齒枯唇淡。斜歪緊縮必孤寒。黑堅者忠貞。黑枯者貧賤。長大堅實男忠良而女貞節。淡疎尖。小男好色而女貪淫。或黃或暗或枯疎。必是庸夫俗子。或密或長厚。或堅潔。必爲宰輔公卿。疊生一二。少主刑傷。露出當門。中年必剋。齒多者。定主富貴壽考。仍須辨色審刑。齒少者夭折貧寒。尤貴揣神定相。

△相舌

舌、內與丹元爲號令。外與重機爲鈴鐸。所以善生露液。且爲神之舍。體心之舟楫。一生得失。與性命樞機有所託也。取方正端長。鮮鋒及紋秀者。主富貴。狹而長者。奸詐。禿而短者。運蹇。大而薄者。多謬妄。尖而小者。多貪鄙。引至鼻者。大貴。柳莊云。舌長至準。目若含眞。定主王侯宰相。倘舌長至準。目若白乾者。便非美器。若使土星尖反。爲冲破。紅而方長。咳唾成玉。紅小而長。聰明多智。鮮紅如錦。出入朝貴。舌利鋒刃。祿養萬鍾。紋繞如花。定然多子多榮。三川紋足、必食萬頃之田。有黑痣者。得天祿。有黑醫者。主凶。舌生粟粒者榮遷。舌出如蛇者。毒害。舌斷如拙者。蹇滯。未語而舌先舐唇者。多淫佚。未語而舌先至者。好妄談。舌小而短。定是貧漢。舌小而長。仕宦吉昌。舌黑有翳者。主賤。舌紅如血者。祿厚。舌如濕灰者。凶。舌如紅蓮者。主富。舌如青蓮者。主貴。舌府交紋。貴氣凌雲。舌無紋理。尋常之人。

△相顴

顴者權也。與印相配。顴高印滿。必有呼聚嘯散之威。顴陷無勢。當權反覆。顴有關鎖。低尖無關鎖。衣食缺破。雙顴插天。兩目有威。定掌大權。萬人皈依。顴高鼻豐。地閣朝拱。中年享用到老。顴高頤削。作事難明。有面無顴。爲人少力。獨顴無面。中年歇業。顴起鼻高頤又豐。晚歲更多財祿。顴高鬢疏。老見孤獨。顴高插天。目長印滿。面起重城。貴享八方之拱。顴高勢强。倘目大睛渾。印陷眉低。又爲文星失陷。印綬無根。非是貴器。顴高鼻陷。多成多敗。鼻高顴拱。主多幫助。鬢清鬢秀。必得貴人之力。女人顴高。必奪夫權。若高聳如峰。破殺三夫。紫氣侵顴。主大吉。黃氣插鬢。功名至。青氣侵顴。主兄弟口舌。白氣繞顴。兄弟防厄。

△相法令

法令、居上唇左右。位於食倉祿倉之傍。上能連接八部三台之拱。應下能帶令地閣仙庫之歸朝。闌廷分明清楚。爲貴。兩傍爲根基。長至地閣者。爲壽帶。主長壽短而入口者爲螣蛇。主餓死。現在金縷。（位居唇之左右、）財食艱難。只因漏槽侵破。豐衣足食。祇爲紋理圓長。缺柴少米。皆因法令冲破。蘭廷帶令。地閣朝天。壽限綿長。井灶空露。暮年窮困。法令現紫色。喜兼勅命。現青黑色。災病來侵。酒舍橫紋絕斷。祇恐因酒亡身。

△相鬚

鬚爲晚境。可定榮枯。可分貴賤。可辨刑冲。宜疎、宜潤、宜軟、宜索、得此則福壽綿長。子孫蕃衍。忌硬、忌枯、忌密。忌無。犯此則運道困鈍。作事顛倒。鬚不過溝。（八中無鬚也、）多招訕謗。鬚如困口。必遭迍邅。爲官鬚密。困蔽祿位。可虞。爲商者鬚疎潤澤。財富自足。水形（參看後章五行象說）鬚白不染。病必遭。木形鬚紅不染。災立至。金形面紅鬚白。主官非破財。金形面暗鬚黃。主財傾病至。拂左拂右。懼內之人。開叉開歧。運滯之輩。上密蓋口。運滯時蹇。雙分燕尾。晚景淒涼。密號鬍連。中年混沌。帶焦黃者多血病。若秀潤者主身安。面紅鬚亦因官非而破財。鬚燥面灰。因火傷而破產。鬚眉皆密。帶黑子主水厄。鬚面皆黃帶紅筋主火喪。鬚嫩而清潤者。官宦必亨。庶人多福。粗硬而不索者。性情剛暴。智識愚蒙。過少無妨。堅硬祇須明白如鐵線。過多而牽連鬢脚。名曰連鬍。宜拔之使少方免迍邅。如鎖喉縮頸。定主晚景貧寒。五縷清奇乃是人間貴相。

△相鬢

鬢乃一面之丰采。可定人之賢愚。其色取黑光紺清。齊厚滋潤爲宜。最忌黃疎與亂捲。鬢深過命門。爲人多賢德。鬢重髮清。可許清貴。鬢清眉彩。早得功名。眉疎鬢禿。老見孤貧。鬢重鬚清。一生有福。鬢輕鬚重。娼優隸卒。有權無鬢。諸事少力。鬢髮粗濃。勞苦終身。鬢髮紺光。欣然得祿。

△相髮

髮爲血之餘。而人生之富貴、貧賤、吉凶、禍福、均可於髮驗之。髮宜軟、宜細、宜疎、宜香。得此者主富貴福壽。

忌硬忌粗忌長忌穢。得此者則爲貧寒夭折。婦人髮長過身。貧賤而不善終。男人髮長過身。貧賤而不安逸。髮短而硬。男女多刑。髮軟如絲。夫妻恩愛。髮黃者男主貧賤。女主貪淫。髮焦者主貧寒。老猶困屯。孩童髮秀性多頑。男女髮低運多蹇。髮卷髮亂運亦蹇。髮多血旺性貪淫。刑剋命剛。祇爲鬢髮乾燥。鹵莽性暴。皆因髮如飛蓬。髮濃且密者。訟獄宜防。髮幼而疎者。求謀必得。髮中赤理。不主兵戈。定遭喉痧。髮落太早。不妨壽短。則慮財空。髮際高弓。運不蹇滯。髮際低弓。運多困屯。少年髮白多刑剋。中年髮白謀食易。（語云未老先白頭、飯米不要愁、）老年髮黑壽必長。以上爲雲谷山人之相髮論。而范文園先生之論髮云。髮多不宜短。髮少不宜長。髮短者取青光細少爲貴。髮重者取黑長色潤爲貴。肥人不宜髮少。瘦人不宜髮重。髮多而氣臭者。迍滯而貧賤。髮硬而粗索者。性剛而孤獨。髮際多者貧窮。髮際高者性和。頂後髮高。其性僻毒。故相書云。耳邊無鬢。心懷毒刃。侵眉亂額。多見災厄。鬢髮粗疎。財食無餘。鬢髮乾燥。憂愁至老。鬼眼相書云。自古無濃髮宰相。亦無禿髮健兒。小孩雙頂赤髮。定主刑傷。（剋父母也、）老年髮潤鬢滋。福壽康健。壯年髮白。鬚焦難言福祿。老年鶴髮童顏。可卜期頤。面焦髮枯。貧病無休。髮生到耳。須防餓死。髮捲如螺。必有刑傷。額髮稀少。多刑多苦。髮色黃者多刑剋。髮色赤者多災害。髮色紺翠榮華至。髮清如絲官職高。髮長而少。老見孤窮。髮長且亂。必妨父母。

第四章　身體相法

△相頸

頸、即項也。古相家祇有相喉。而無相頸之說。殊不知頸號天柱。上承元首。下貫一身。仿彿大廈之樑棟。烏可不相。因選諸大家之相頸法。分列於下。范文園先生云。頸、上扶一首。爲棟。下據四體。爲樑。肥人頸欲短。瘦人頸欲長。反此則不貧。即夭。若太長如鵝。或太短如豕。或大如櫻木。或小如酒器。此皆不令之表也。短而方者主福祿。細而長者。主貧賤。頸高然自立。爲一身之柱。柱若傾欹。虛幻之軀。將死之徵也。項有結喉骨者多災。頸有鎖喉骨者凶亡。瘦有結喉者迍蹇。肥有結喉者凶。天頸後隆起者主富。頸後有皮如絲者多壽。頸多斑而不潔者。性鄙而滯。頸梟而斜曲者。性弱而貧。頸勢前臨者。性和而吉。頸勢偃後者。性弱而凶。頸立端直者。性正多福。圓粗如虎項者。亦主載福。曲如蛇頸者。毒而凶。頸立相應面者大貴。頸弱不勝頭者夭貧。頸皮薄細現食者貧賤。袁柳莊先生云。男人瘦者項欲長。肥者項欲短。若瘦人項短。三十前後促壽。肥人項長。四、九不能保身。凡項一忌結喉。二忌浮動。三忌露骨。四忌動氣。此四忌俱爲貧賤之相。瘦人結喉不過困守。肥人結喉浪死他州。皮急肉肥又結喉。平生辛苦走他州。項圓皮厚有重紋。定是聰明俊秀人。兩肩與背來濟遇。管教白屋生公卿。頭圓項細難言壽。項有重紋爲項條。主大壽不招災禍。女頸以圓長爲妙。　雲谷山人相頸論云。頸爲天柱。宜分形局以定短長。以配肥瘦。瘦人宜長。忌筋。肥人宜短。忌筋。筋露者性暴。喉露者性急。色白多貴。色黑多賤。圓潤者富貴並享。瘦削者貧賤可虞。項傾則壽絕。項健則壽長。頸後無肉多貧賤。頸有餘皮定顯榮。頭歪者謂之頸無力。壽命難長。頭正者謂之頸有神。福祿必永。頭小頸大。頭大頸小。皆妨壽結喉財必滯。太長貧而壽。斑雜者貧寒。此爲相頸之準繩。

△相身總訣

身有三停。長短各宜得配。身有大小。肥瘦亦貴相宜。自頸至臍爲上停。自臍至膝爲中停。自膝至足爲下停。上停長主安逸。下停長主奔勞。木形身宜瘦長不露筋骨。土形身宜莊重。背厚腰圓。金形身宜皮白肉潤。火形身宜瘦硬。露骨起節。水形身宜肥胖。臃腫皮寬。五形雖云宜白宜黃。忌黑忌暗。而水形木形身黑亦佳。（參看第六章五行形色論）胸宜平闊忌窄忌狹。窄狹者器量淺狹。乳宜堂大珠多。色黑色紅俱利。主多貴子。忌白、忌塌、忌破、忌小、忌毛。多毛生一二三條。名曰玉帶。子貴而賢。多毛則多生多剋。心宜平滿。忌坳陷。忌尖突。（尖突者名鷄胸、主孤寒心毒、）肚上宜坳。主人謙和有福。忌飽忌脹。忌收忌瀉。若肚上飽脹。則腹下無托。主無結果。肚上若收若瀉。則腹下無托。亦主無結果。臍宜深宜攔。主有佳子。忌卸忌突。犯則剋子。腹下宜有帶有托。主有子。忌回忌收。主無子。背宜厚宜豐。富貴福壽並享。忌陷。忌骨陷則無壽。露骨則勞苦多病。腰宜平宜圓。主富貴多壽。忌折忌小。折則無壽。小則多淫。腳宜骨肉調勻。股宜長短配合。膝宜圓而忌尖。尖則犯刑。趾宜短而忌太長。腳背忌露筋。腳板忌無紋。足毛宜軟宜光。臀宜肥宜肉。穀道宜有毛。可聚財。陽物宜小。大則淫賤。陰戶宜小。大無子。寬主淫。陰毛宜少。腎囊宜縮。小便宜如撒珠。豚宜香。忌狐臭。膊宜平。此乃相身之大概。更將全身各部。分條詳論如下。

△相肩

肩欲平厚而背若負弓。腰欲正直而支有坐椽。左肩高於右。白手成家。右肩高於左。家財大敗。肩闊面方。諸事亨通。肩闊臀尖。老無結果。鳶肩者騰達必速。平滿者名播四方。坍肩者百事無成。肩寒者身無居止。

△相胸

胸藏萬事之機。爲神之宮庭。宜平博厚寬平而廣闊。

廣闊者神藏而氣壯。淺狹者神露而難容。胸色潤澤者智廣才高而有福。胸形偏凸側狹粗黑者量淺少志而貧夭。胸廣體瑩必做公侯。胸平闊厚錢財穩足。胸不均平難期有祿。皮薄無肉衣食不足。胸狹而長求望難遂。胸高凸起貧賤壽夭。雞胸鴨背庸碌夭年。胸短於面者孤窮。胸坑陷者勞碌。胸有亮光必能成家。若毫毛粗而多者其性必暴。

△相乳

乳據心胸之左右。乳頭運血脈之精華。觀顏色黑白及大小。可辨子孫之賢愚。故袁柳莊先生云。乳為後裔根苗。最宜黑大方圓堅硬。凡乳不宜小。無論金木水土四形莫不皆然。又宜皮土厚。如皮簿者乳必薄。皮實者乳必實。乳頭朝上養子容易。乳頭朝下養子如泥。乳頭圓硬者主子富。乳頭方硬者主子貴。乳頭破小者子息難招。乳頭色白不起者難言子息。婦乳亦以黑大為妙。大者子多。小者子少。乳偏而色白者子息稀。乳若黑若堅而亮且美者子貴孫榮福壽高

范文園先生論乳。欲其開而闊。紅而黑。大而正。均主富貴子賢。狹而細。白曲而下向者孤貧夭。相乳際狹而胸窄者。志愚見短。乳頭大而黑者賢能多子。乳頭過小者懦弱而乏嗣。乳頭曲者難養兒孫。乳頭仰者子如金玉。乳頭低者養兒如泥。乳頭壯而方大者子貴如珍。乳頭白黃者有子少成。乳頭紫如爛椹者子貴孫賢。乳頭實而有肉財帛豐盈。薄而無肉者衣食不足。乳頭生毛者多藏見解。乳頭有黑痣必生貴子

△相腰

腰乃腎命二穴。為一身根本。范文園先生論腰云。腰者。為腹之山。一身恃其安危者也。陳摶老祖云。腰生疊肉。發財而延年。腎命皮焦。多病而促壽。直硬端方者福厚。偏陷曲狹者福薄。有背無腰。初發而中年庸碌。有腰無背。初困而晚運亨通。腰背兩全。福壽並永腰細臀高。早貧後享。肉厚無臀。初享後貧。黃蜂腰者性鄙而邪。蜥蜴腰者性寬而賤。袁柳莊先生論腰云。胖人腰欲粗。瘦人腰欲圓且硬。兩腰眼為腎命二穴

宜皮厚有肉則壽長。倘皮枯穴陷、定主夭亡。凡屬偏細薄削之腰俱主貧夭婦女大者福厚細偏者少子多。

△相腹

腹爲水穀之海。一身之爐冶。安藏萬物。總括六府。子午中分晝夜十二時。循環運化。腹宜圓而長。不但飲食之多。藏而且有寬容之德。器。腹皮欲潔而白。腹肉欲紅而潤。勢若垂囊。名震四方。滿身羅紋。若不大拜定作神仙。胸有秀骨。必然大貴。澤腹方臍。必作公卿。腹大無毫。空求名利。腹貴垂而向下。臍貴深而向上。腹有三壬。多蓄黃金。腹厚而堅。家道豐。腹小而薄。家業空。上尖下削。窮苦難言。臍凸而出。壽命夭折。有腹無臀。少子息。有臀無腹。無財物。一身毛硬。刑傷骨肉。

△相臍

臍爲筋脈之源。六府總領之關。乃百谷之陰也。范文園先生論臍云。臍深闊者智而有福。臍淺狹者愚而且貧。低者多慮。過高者無識。量大可容李。名播天下。小而尖凸。貧窮夭壽。臍生黑痣。名曰含珠。食祿萬鍾。臍欲其深寬闊大。方正朝上者爲貴。不宜窄小凸露尖曲下垂者爲賤。袁柳莊先生臍腹並論云。臍宜深腹宜厚。皮宜實。骨宜正。臍近上者多智。近下者愚魯。深主福祿。淺主貧窮。臍生黑痣而腹垂。定作公卿。臍小而平。勞苦下賤。腹垂下。臍近上。天然衣祿。腹近上臍朝下。老主孤窮。腹乃臍之外表。宜寬大而忌窄小。臍居上智慧。居下愚。此理人間都不知。凡婦人臍乃生子之根。乳乃生子之苗。女身不論肥瘦。凡臍深一分得一子。臍深半寸得五子。臍貴方大。小則子息難期。臍赤生子一。玉帶臍。黑生子一。金帶臍內生毫生子必秀。腹皮寬大。必有五子。凡臍小腰偏腹小皮寬或皮急。子息難求。縱有面相可取。亦屬無子之婦。

△相臂

臂至肘名爲龍骨。肘至腕名爲虎骨。龍宜長大於虎。虎不宜長過於龍。雙手過膝。蓋世英雄。腳長臂短。多勞碌。

△相背

背合陰陽二道宜詳其豐陷定其吉凶欲厚忌薄欲長忌短平闊豐厚定卜終身安逸袁天綱曰背若伏龜爲儒早發背厚腰圓威鎮九州前仰後俯不貴則富胸凸背凹不窮則夭圓厚如團富貴雙全窩深如溝貧而且賤曲背直腰子孫不超背厚胸闊富貴兩足有背無胸晚年孤貧背脊成坑虛花無壽女子背圓必嫁秀士鶖背龜胸好色貧窮背如屏風必定封妻蔭子袁柳莊先生云背欲高而胸欲平肩欲闊而不欲聳背陷成坑胸露骨家無隔宿之糧而且促壽水形土形背宜高木形背宜平胸背爲一身之主背爲陰胸爲陽陽忌空陰忌露廣鑑集云背有三甲（三甲乃音字也）腹有三壬（三壬乃垂字皆指紋痕而言）定然豐衣足食富貴榮華

△相臀

臀乃後成可見興廢少年無臀百事難成破祖離宗老來無臀妻亡子喪奔走風塵瘦人無臀多學少成一生困頓四九歸陰肥人無臀刷鍋洗盆有妻無子孤獨貧困臀開腹大作事易成女子臀大反爲下賤若還尖蹻父子不情體長無臀老無結果身短無臀難期發達婦女腰小臀尖臍欠深定爲奴婢守孤窮若再乳頭呈白色一生孤獨不須論

△相穀道

穀道宜兩臀夾而不露如十分顯露貧賤且夭穀道有毛者一生衣食無虧無毛主賤撒尿遲者好快者貧細長者貴方主武職偏主文貴尿水疊帶富貴之相屎尿不同出者貴同時排出者賤柳莊先生有詩云穀道無毛老定貧少年露出必遭刑要知取用爲奇妙細細深藏是貴人

△相下部

范文園先生論下部云穀道急而方者貴水道寬而圓者賤大便細而方者貴小便如撒珠者非貴卽富陰生黑痣及獨腎方剛者均主貴大便遲緩者多壽且富速細者夭賤小便直如篙攢者主賤又曰陰頭

有痣人多貴。穀道無毛一世貧。柳莊先生云。陰囊宜黑紋宜細實。爲貴不宜下墜。囊如火煖者生貴子。冷如冰塊者生子少。玉莖陰囊爲性命之根本。皇帝謂之玉基。常人稱曰龜頭。凡龜頭宜小白而堅者爲貴長大黑弱者爲賤。大者且易招凶。小而秀者妻賢子好。

△相腿膝

腿膝爲人身之下停。可別賢愚。膝圓者一世不到公廷。腿大膝尖。半世當招官訟。膝尖腿小名鶴膝。主下賤。膝小無骨。主少夭。膝上生筋一世奔波勞碌。腿上生毛。一生不犯官刑。毛粗短硬者招刑。細軟而長者有福。腿膝如柴。老無結果。袁柳莊云。膝大腿小主下賤。膝小無骨主壽夭。膝上生筋一生勞碌。腿上生毫。一生不犯官刑。惟腿毫欲其軟。硬則招險。又云膝大不宜露骨。腿大最宜膝圓。膝圓如十。一生不到公庭膝尖腿大。常招官司。

△相肢肱

股肱乃一身之根本。而股更重於肱。大人無股貧賤泛常。小兒無股難期長大。瘦人無股敗走他鄉。肥人無股後運不昌

△相毫毛

人身毫毛。雖屬聯帶名詞。相法則另有區別。粗硬者爲毛。不拘生何處。均主賤。細軟者爲毫。宜生腿足。爲奇。臍下穀道俱有毛者。主一生不招陰病。不畏神鬼胸上生毫。主人性躁。背上生毛。一生勞苦。乳上生毫三根。必生貴子。毛多如草亂者無子之相也。手指生毛而細軟者亦好。

△相斑痣

斑有大小黃黑之分。凡人白斑黑。聰明好色。人白斑黃下愚且賤。瘦人年少斑生面或身。壽限難長。肥人有斑主壽。惟土形人宜生斑。金木水火四形人皆不宜斑。大者爲斑。小者爲點。少年生點不妨。忌生斑。老來喜生斑。名曰壽斑。主長壽。痣若山林峯巒。不可不高。蓋高者爲痣。平者爲點。青黃者爲斑。斑點不宜生

面上。相書云。面多斑點。恐非壽考之人正謂此也。痣在面爲顯痣。在身爲隱痣。俱宜有毫。背生痣主衣冠。肚主衣祿。胸主多智。色黑如漆。亦若硃砂。硬圓而高者主貴。歟者不足奇。

第五章　手足相法

△相手

手爲一身之苗。關係至巨。而相手之法。諸家立論各殊。柳莊云。相手之法。先看五行。次察八卦。掌有厚薄。指有長短。紋有淺深。色有明滯。務要君臣得位。五行得配。八卦有停。賓主相勻。形局相合。指甲乃筋之餘。指細主人聰明。掌紅潤財興祿足。暗黑家破財空。掌心有肉乃祖父根基。手背有肉。乃自創基業。柳莊偶經小巷。瞥見一手傾水於窗外。色瑩如玉。光射人目。指尖如春筍。掌色如紅硃。但未見其面。遂曰、此手是男子當入翰林。若爲女手。定作母后。過後查詢。是一良家少女。旋永樂選此女入宮爲妃。坐正統者也。無論男女之手。均宜血潤色明。指長紋細。心背有肉。爲妙。

△范文園先生相手五法。

一論手紋　手紋或散亂而粗俗。或成形而細秀。皆從胎元中所成。故可辨別根基也。貴人掌紋。大抵有情清楚。天然成字。文理瑩潔。端美。俗人之手紋必粗斷。不粗斷則散亂。或有紋冲破。或昏暗模糊。蓋掌之有紋。如木之有理。木有奇紋。便爲奇材。手有美紋便爲美質。故手無紋者爲下相。有紋者爲上相。紋細而深者吉。紋粗而淺者賤。貴人之手。筋不浮。節不露。白如玉。紅如火。直如幹。軟如綿。紋欲其清而秀。或成器物。或成形象。端祥瑩潤。不富則貴。俗人之手短而筋纏。硬如石。粗如土。曲如柴。肉浮腫。多節無紋。筋骨粗露。紋斷紋亂。紋粗紋淺。肉暗肉焦。色黑色枯。不貧則夭。

二論指掌　指爲龍。掌爲虎。（參看後指掌圖）龍骨欲長。虎骨欲短。手欲軟而長。膊欲平而厚。骨欲圓而低。腕節欲小。指節欲細。骨露而粗。筋浮而散。紋緊如縷。肉枯而削。皆非美相。指長掌短。聰明多才。掌長指短無事得謗。指如春筍者聰明。指如鼓槌者愚頑。指如剝葱者多祿。指如竹節者貧窮。指硬而疎者破敗。指柔而密者多金。手香煖者淸貴。手臭冷者下賤。手倔强如猪蹄者愚魯。手軟滑如錦囊者富貴。十指三約。並通財祿。指紋一約。定爲走卒。一指兩節。終亡於道路。十指軟纖。幽閑淸福。指節漏風。財散不聚。中指爲主。四指爲賓。賓主相稱爲美。二指長者主近貴。四指平者小人不足。小指長者貴得奇福。

三論五指損傷　五指損傷亦有所主。大指破損祖。二指破剋父。三指破剋母。四指破剋妻。五指破損子。大指駢者。主母帶疾。指甲堅厚者壽長。軟薄者壽短。甲黃而瑩者淸貴。甲白而淨者閑逸。甲如明瓦者技巧。甲如板瓦者醇厚。甲枯短者不宜。爪甲碎裂者無成。指甲滋潤者財穀豐盈。皮乾肉枯者。命孤而夭。又云。艮（參看八卦圖）上不宜鋪白板。掌中最忌宿鳥鴉。白板者棺材紋。鳥鴉者黑氣也。生不全者無妨。生全者。其年生。其年死。黑氣生於坎宮者。主落水死。震宮黑者被雷傷。兌宮黑脈過艮宮者。主虎傷。巽宮黑脈過乾宮者主蛇傷。離宮黑脈過坎者主見災。（欲知掌心八卦參看八卦圖。）

四論掌心八卦　掌分八卦。定其宮位。觀其氣色。辨紋脈之貴賤。排震兌坎離。爲春夏秋冬。分乾艮巽坤爲四門。四時不調。則萬物夭閼。四體不端。則一生困苦。明堂紅潤。喜事臨身。八卦高豐。終身富貴。乾爲天。管兒孫之貴賤。坎爲地。管祖父母之根基。艮乃丑位。管兄弟和順。震爲卯位。管奴僕之得力。中央明堂。管氣色財帛之豐。富乾宮高聳。主長子之權豪。坎位高堆。受前人之庇蔭。艮宮剋陷。損子父於初年。震上高朝。置田宅於一世。巽宮散亂。都爲游蕩之徒。離位突

八卦圖

高必作功名之士坤宮帶破招兒女以凋零兌位有傷定夫妻之鰥寡掌通四起容止君子粗骨露筋多災俗手掌如噴火衣食足掌中噀血財寶豐手有仰羊行不裝粮手如散糠一生快樂

五論掌．手足關一身之得失觀五行而配合分形局以辨魚龍五行不合則萬物不生、形體不稱則家業難成相手之法先觀掌之細膩端方偏削硬薄次察紋脈血氣之根蒂再揣摩骨肉之平和量其指頭之長短然後看浮筋露節之凶情方可論斷萬金書云紋如南星現於中宮列土分疆北斗列於正宮貴為天子九羅生於八卦五井現於離宮官居極品掌心印紋乾宮方印定爲太師文聖紋秀如錦滿掌噀血資財百萬巽離坤三峯高起金玉千箱紫龜紋金井紋玉階紋雲環紋六花紋棋盤紋皆主富貴三才紋如散亂冲破者主　生少成多敗夜叉紋橫死紋刀字紋枷鎖紋尖角紋棺板紋覆舟紋散亂紋皆主貧窮凶天鬼谷先生云論掌最重在五行合格不合格而一般相士皆稱指頭修長紋秀者主貴殊不知土形人指欲圓厚重實如指掌細長者不合格局相書論指掌取肉圓充足者吉殊不知木形人取紋脈修長瑩瘦者爲合格如指大而掌重實者又爲不稱雖有好處難期大富大貴也金形人取指掌端方水形人取指掌圓滿火形人取指掌紅活土形人取指掌厚重水形人取細瘦紋秀反此則皆爲不合格局凡身肥大而面圓滿者爲水形若手薄細而指尖長便爲不稱水局身瘦長而面細秀者爲木形若手厚重而指粗大者又爲不合木局所以論掌必先相形（參看五行形色節）故麻衣老祖曰面貌爲人之根本指掌爲人之枝幹相人須手面並觀十不失一然亦有好相鍾於面而不鍾於手者亦有好相鍾於手而不鍾於面者常見貴人有手粗紋粗者何也乃係土形人不忌掌之粗厚無紋然必眉目英發故主貴而多勞又常見俗人之手紋細紋秀者何也此爲木形合格局但嫌眉目不秀未得貴顯僅享清閑之

福總之相手祕法。必先分五行之肥瘦短長合格細察眉目聲氣之清濁。然後分別賤貴。判定窮富。庶乎不差矣

△相手背紋

手背之紋。其驗尚矣。故有人和之理。五指皆近於上兩節者。謂之龍紋。主爲天子之師。生於下節者爲公侯。生於中節者爲使相。生於無名指者爲卿監。生於小指者爲朝郎。生於大指者主巨富。手背五指皆有橫紋旋繞者。主封侯。理貫者主拜相。手背直指之本亦曰明堂。有異紋黑痣者。主才藝高貴。若紋成飛禽字體者。主清貴。大指本有橫紋者。謂之空谷紋。主大富。有紋繞腕周旋不斷者。謂之玉釧紋。主人敬愛。一紋二紋者。朝暮之榮。三紋以上者。清顯之貴。男女皆同。其紋須得周匝。若斷續不匝者無效也。

四季紋

（惟四時主旺刑剋以定）　春青夏赤秋宜白四季之中黑喜冬秋赤冬黃春見白夏間逢黑總爲凶

帶印紋

（主身帶印爲太師）　掌上紋如帶印形前程合主有功名莫言富貴非吾願自有清名作上卿

兵符紋

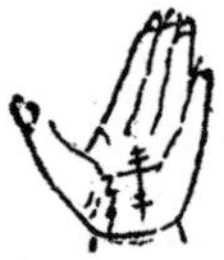

（出將入相昔陳平有之）　兵符紋現掌中央年少登科仕路長節或定應權要職震戎邊衙推旋踵

金花紋

（主男人封侯女夫人）　紋帶金花印立身此身富貴不憂貧男兒指日封侯相女子他年國內人

拜相紋

（其手如琴者昔張良有此紋）　拜相紋從乾位尋其紋好似玉腰琴性情敦厚文章異常得君王眷顧深

雁陣紋

（或身紋生者又名朝衙紋）　朝衙紋類雁排行一旦功名姓氏揚出入皇都爲將相歸來身帶御爐香

雙魚紋

（文章大器）　雙魚居敬學堂中冠世文章顯祖宗紋過天庭更紅潤爲官必定至三公

六花紋

（六花爲待從之聯慶年）　若人有此六花紋他日深沾雨露恩可許爲官須作相慶來晚歲耀朱門

玉柱紋

（中年發達）　玉柱紋從堂直去爲人膽智必聰明學堂更得文光顯一定中年作相公

三奇紋

（更有學堂科名及第）　三奇紋現無名指一路分開三箇紋一在遐宮並堂內拜相金門拜相臣

三峯紋

（主富貴）　三峯推起巽離坤肉滿高如束樣圓光澤更加紅潤色家中金玉有良田

美祿紋

（一生安樂）　美祿紋如三角形偏宜三角帶橫生自然衣食常豐足到處追陪自有情

立身紋

（二中帶手日紋）　立身紋上印堂豐堂堂形貌氣如虹他年顯達須華貴終是朝中一相公

玉井紋

（佐理朝綱）　一井紋爲福德大二三重井玉梯紋此人一定能清貴出入朝中佐聖明

學堂紋

（細者貴）　毋指由根論學堂節如佛眼主文章金門選舉須科甲名譽清高遠播揚

車輪紋

（主大貴）　此紋圓滿主車輪必是皇朝館殿人更看紋全名杖鼓封作諸侯百里臣

懸魚紋

（文章榮身登科）懸魚紋襯學堂全富貴當時正少年一舉首登龍虎榜踏龍作馬玉爲鞭

四直紋

（中年富貴）四直名何求中年不用愁更宜紅潤色一旦便封侯

天印紋

（生乾位震位爲從之相）天印紋生乾位上文章才調自榮華爲官平步天街上凡庶堆金積滿家

奇扶紋

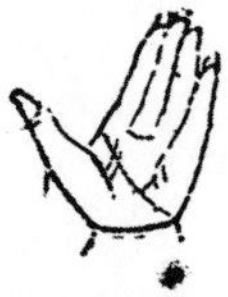

（紅潤富貴）奇扶紋出無名指膽氣高强難並比手紅色潤是多能自是平生招富貴

寶輦紋

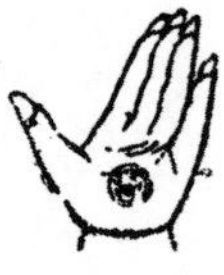

（封侯富貴）寶輦紋奇異相形端如日暈掌中心是環定是封侯相錢樣須多穀與金

三目紋

（名冠儒宗）三日精瑩現掌心文章年少冠儒林須知月闕高攀桂四海聲名値萬金

金龜紋

（在命宮主富貴雙行在宅亦好）兌宮西岳起隆隆文似金龜氣象雄遐算定須過百歲居家金寶更雍容

筆陣紋

（登科）筆陣紋生陣陣多文章德行勝鄒軻中年得意登科第福祿無疆着綺羅

▲相足紋（附足紋圖）

足上載一身。下運百體。體雖至下。其用至大。是以可別妍醜。審辨貴賤也。足欲方而廣。正而圓。膩而軟者。富貴之相也。窄而薄。損而短。粗而硬者。貧賤之相也。脚下無紋理者下賤。足底有黑痣者食祿。足大而薄者下賤。足厚而橫者貧苦。脚下成眼者福及子孫。脚下旋紋者令譽千里。脚下平如板者貧賤。脚下可容

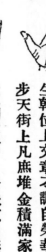

纖者富者足指纖長者忠良之貴足指端齊者豪俊之賢足厚四方者巨萬之富足排三痣者兩省之權大抵貴人之足小而厚賤人之足薄而大又云足下軟滑多紋者貴粗硬無紋者賤足下有龜紋者二千石祿足下有禽紋者九卿之職足下五指有策紋上達者兩府使相足下有十字一策紋上達者六曹侍郎足下有三紋如錦繡者食祿萬鍾足下有紋如花朵者積財百萬有紋如剪刀者藏金巨萬有紋如人形者貴壓百官有一策紋者福為武將有八螺者富而貴顯兩小指無螺紋者謂之八螺紋兩小指背亦有螺者謂之十螺紋主性鄙十足指皆無紋者多破敗足下有紋大利子孫足下黑痣富貴賢士

禽紋

貴

龜紋

第六章　形神氣色骨肉相法

△相形

夫人稟陰陽之氣。肖天地之形。受五行之資。爲萬物之靈。歷觀諸大家相形祕訣。必驗五行格局。以別美惡。

【雲谷山人定形格訣】凡相有肥瘦先後之不同。惟手掌定在先天。老少不能移易。故求形必先求掌。方得識眞種子。倘以相之肥瘦定人。差之遠矣。况金木水火土五形。俱有肥瘦。如金形若石。石有大小堅輕之別。木形若樹。樹有清秀凝濁之殊。火有太陽燈燭之分。水有江河溝洫之別。土有泰山邱垤之異。若以肥瘦定人。豈不謬哉。至於無氣格者。其相不足道矣。

△雲谷山人五形歌訣

【金形】頭圓面圓耳又白。齒白唇紅身不黑。骨肉調勻鬚髮疎。腹圓背厚聲清拍。掌平方厚顴起骨。胸平有肉肥合格。行動身體不輕浮。乃是金形露貴格。

【木形】掌瘦指長頭又長。鼻長身瘦腰又窄。眉疎鬚疎髮文疎。聲清現喉方合格。行動飄逸身仍定。耳白唇紅且高額。便是木形富貴人。兩眼有神分黑白。

【水形】肉多浮腫腹低垂。眉濁髮濃眼神露。聲帶痰滯音不響。唇厚口大臀多骨。頭多皺肉行難穩。指短肉多掌心闊。此是水形合格人。細看神強富貴大。

【火形】頭尖肉紅性又急。髮焦鬚黃鼻露骨。顴尖骨露眼睛紅。眉上吹毛胸又突。指掌尖薄幷露筋。行動身搖耳尖拂。聲焦聲破額孤高。唇超露齒火形實。

【土形】頭平頂正鼻頭豐。地閣朝元方正宗。枕骨平橫面黃赤。背腰平厚腹垂洪。頸短掌方足背厚。聲洮耳厚髮眉濃眼長顴起面田字五岳相朝富貴公。

△范文園先生五行論

五行之說。始自箕疇後之名相家都以五行定形判人終身禍福立說雖微有異同而所定五行格局則大致相同呂祖亦爲神相家其論五行入門訣云金形方正色白潔肉不盈兮骨不薄。木形瘦直骨節堅色帶青兮人卓犖。水形圓厚重而黑腹垂肩聳眞氣魄。火形豐銳赤焦燥反露氣枯無常好。土形敦厚色帶黃臀背露兮性樂靜

五行論相須識其源。紅黃黑白各有所配。肥瘦長短各合其度要知生人無有不得金木水火土五行以成形。至於辨別之法木形青而瘦長金形白而方正水形黑而肥圓火形赤而尖露。土形黃而敦厚以爲五形之正局。金形人取面方耳正眉目清秀唇齒得配。手端小而方腰腹圓正色白氣清爲正鼻準三陽不宜帶赤。若土內埋金之象。主多災難輕則破家重則死亡所忌火旺然氣清色冷又宜微火則寒金逢火煉方成大用金形主方得其五方氣色不雜精神不亂。動止規模坐久而端重也木形主長得其五長氣色不雜精神不亂動止溫柔涉久而挺直也水形主圓得其五圓氣色不雜精神不亂動止寬容行久而條達也火形主明得其五露氣色不雜精神不亂動止發揚聰明而敏捷也土形主重而實得其五藏氣色不雜精神不亂動止持重臥久而安泰也故論五行之相必要分五行之形而辨五行之性方肉其骨也陳摶先生曰相法雖論金木水火土五行中自有各別之分與相生相剋之理然就一行之中更有分別者且論金亦有丹爐煉足紫赤之金亦有沙水寒冷之金亦有烈火燒煉之金且論木亦有蒼松翠柏之木亦有千丈擎天梁棟之木亦有盆景花草與楊枝斜曲浮朴之木且論水亦有千巖萬壑流泉之水亦有江海相聚相交和靜廣大之水亦有汙濁混

雜浮泛淺狹之水。且論火亦有上下通明無所不照之火。亦有鬱鬱不明。草木將灰淹滯之火。亦有炎炎急躁暴烈之火。且論土亦有萬年山水永結一氣厚重之土。亦有沙石灰汚不實之土。亦有水泛木浮而不得氣之薄土。所以才祖秘訣云。相中雖論五行。爲根本。然而奧妙之法。要採眉目之清秀。口鼻之端詳。精神之榮暢。氣宇之廣大。爲枝葉也。

△五行吉凶

金逢厚土。足實足珍。諸事營謀。遂意稱心。（色白氣清金也、骨內厚實土也、爲金逢厚土、）

木水相資。富而且貴。文學英華。出塵之器。（形體瘦直木也、色玄氣清水也、爲木水相資、）

水得金生。利名雙成。智圓行方。明達果毅。（肉肥骨輕者水也、氣白色清者金也、爲水得金生、）

火局遇木。鳶肩騰上。三十爲卿。功名蓋世。（氣色紅活火也、形體挺直而鬚眉清秀木也、爲火局遇木、）

戊已甲丁。愈煖愈佳。其道生成。（形體厚重土也氣色鮮焰火也、此爲得氣之土、易乎發生也、）

五行論相更有相生相剋之局。兼形者多。眞者最難。故五行八得其一行眞者。無有不大貴。若兼形者。卽五行中擇其多者爲主。然後定其生剋。如相生者。水宜帶金。木宜帶水。火宜帶木。土宜帶火者是也。相剋者。金不宜兼木。木不宜兼土。土不宜兼水。水不宜兼火。火不宜兼金。此乃古法。又有五行順合逆合。順合者。木合火。水合金。土合木。此順而合。僅主多富。雖貴亦在浮沈之間。如逆合者。更奇。如金與火仇。有時金多火少。合火推之。水旺宜土。水土皆然。此爲逆而合。其貴非常。所謂逆合者。白多紅少。金行帶火則然。紅多白少。火行帶金。則三十死矣。水形帶土。黑多黃少則然。土形帶水。黃多黑少。則孤寒矣。木形帶金。青多白少則然。金形帶木。白多青少。則刀劍隨矣。如逆合者。金不宜見火。然而耳面身手。皆方正色白者。雖得金行之眞局。如骨太清。肉太潔。神太徹。氣太冷者。得火色盈於面。又爲寒金逢火煉。非比頭尖鼻尖之火剋金反得其生也論木形人有甲木乙木之別甲木形體骨格皆森森軒昂聳直也若帶金斲削方成棟梁之用如乙木頭面身手皆瘦弱渺細若帶金何堪斲削故非貧即夭論水形人貴在於眞氣魄耳爲江瀆之源深長竅闊爲得長江之氣魄目爲河瀆之源澄清徹底爲得懸河之氣魄鼻爲濟水之源豐隆高厚爲得濟土之氣魄口爲海瀆之源深厚安藏爲得大海之氣魄水形人得此爲眞氣魄主爵高位顯如耳輪缺爲江水泛鼻肉縮爲濟水泛目睛濁爲河水泛口脣攤爲海水泛具此數者雖得水形之眞局亦敗相也論土形忌乎木剋然土重又宜木之疏通也何爲木之疏通惟土形人骨肉氣魄皆深厚重實其秀氣不能常現於面目之間察其喜怒情動意開之時神怒焰光氣偶澄清鬚眉翠秀此便爲木之疏通也開後復隱於氣魄之內識者最難書云淸亦貴濁亦貴神濁氣清神不見神清氣濁氣無形此論原辨土形人氣魄廣大驟然不能辨別神氣秀處之說也

至於火形人論形與金木水土四相不同氣不宜藏色不宜靜目長耳大爲忌鼻豐口闊爲忌何也此皆火形之相形也故論火形耳高露廓乃正也三停俱帶尖得其中矣鼻驕露珠得其用矣面亦睛紅合其格矣誠爲大貴之格也

△論形定局

論形定局辨五音合五行則大貴之格見矣如木形嘹喨高暢激越而和火音焦烈噪怒如火烈之聲金音和而不戾闊而不枯水音員而清急而暢達土音重厚如洪鐘之騰韻此皆宰相之材也即以土形論有等形體敦厚骨肉肥大氣魄重實聲音尖細者爲土形不得土音合局難成大器若乃重而不亢燦如也徹而不瞬口敦如也闞而不張虎頭龜背鬚垂近腹泰如也與之行俯然而色舉與之言泛然而後慮浪驚舟側而不懼是土形之最正者又如木形之正局身長挺直者木之英發也眼有藏眞者木之含秀也脣紅麤厚者木之根深也聲響遠震者木之內固

也氣瑩而鬚眉光彩者木之得氣也凡人之相雖取肉肥氣和爲貴殊不知木形人便是極瘦之體紋理若能色澤瑩潤又爲精神內固也金行金局或貴而忠或富而天蓋雖論五行得其一行眞者不貴則富有等得一行眞而若不得其性者非眞局也有等行眞性合而又不得眉目神彩秀麗之合局雖有古處非大器也更有金形得金局眉目合格者其間或頭尖額尖鼻尖鬚眉赤色聲音焦烈弗貴也

△飛禽走獸形之善惡

人之取形由氣之取象以天地風雷水火山澤八物以配八卦而取法之不異乎此也凡欲觀人形貌不取乎形狀飛走之類須憑巧意以推然正形者迴牛舞鳳戲獅伏龜游鵝浮鴨攀猨坐猴蟠龍踞虎搏雁皇鶴之類得之仿彿者皆可取也體貌巉岩者名爲龍形容貌端正者名爲鳳形淸瘦脛長者名爲鶴形秉性曠達身膚綏肥者爲麒麟形器宇軒昂者爲獅子形身圓而瘦性劣臂長者爲猿猴形眼金睛而威猛背脊連枕者爲虎形鼻大身肥手足厚大者爲象形行驟性急口闊鼻長者爲馬形此則言其大略也天罡曰正龍形岩峻面長鼻高耳聳眼圓睛露光照四遠眉闊高長形貌端嚴身體長大骨格淸秀舉止出衆有威權足機變也全虎形頭大額闊鼻豐口方身長安泰眼金而瞻視平遠光彩射人鬚髮疏硬語聲如雷行步重厚也麟形項骨高聳形態軒昂耳高眼深眉粗額闊也獅形眼白睛黑圓滿而大山根缺陷口闊方眉婆娑多鬚鬣也鶴形神淸骨秀額粗項長步闊性柔聲音淸爽也鹿形眼靑黑長耳聳高露面頰多鬚身手多毛行步多走也牛形身魁梧性緩慢眼黑常動項粗頭廣行步緩也蛇形頭長額側而平眼赤細圓口闊身粗鼻瘦隼紅行路腰軟頭搖仰面走也馬形面長眼大口闊耳尖齒大腰長行驟而急也羊形頭方面長無顴地閣尖削口聚鬚鬢粗直多生頰下睛濁露白也猪形頭闊面長眼毛長耳大無輪廓項短肉肥也狗形頭大項粗睛黃面尖口聚

耳小而聳。性急也。鳳形、眼細秀。眉長淸鼻高圓小。身細骨淸肉秀。聲音谷響也。鷹形、頭方額圓。鼻曲嘴鉤眼圓金赤射人。耳卓口尖。情性急也。孔雀形、面小身大。眼小睛圓。性慢散誕。愛華飾美也。鷺鷥形、身小眼細。長眉薄。頭方項長。脚腿細。腰輕也。總之形似飛禽。形似走獸。其貴賤取類而言之。類於優則優。類於劣則劣。或類其小爲小人。若類其大爲大人。其吉凶禍福無不驗也。取形固取乎神。似猶側重於雙目。如龍目若懸珠。光芒不動。如秋水。名滿天下。虎目大而威光射人。終爲將帥。牛目大而微黃。性慢敦厚。鳳目細秀。眉長。乃眞貴人。鶴目昂頭視物。可享淸閒之福。馬目神凝色昏。平生勞苦。龜目睛黃圓小。而縮頭仰視者。富足淸閒。猪目、神昏視斜。圓大混濁。多死非命。象目、眼小神藏。身肥。下視專受人驅使。鷹目、金睛有光。射人可畏。自强好勝。臨危喪命。蛇目、小而圓黃視下。行步掉頭。與人交終有害人之心。鼠目圓、小暗黑若漆。視物必點頭。爲人多巧貪利終爲盜。猿目朦朧仰視。性好顛狂。必爲敗倫之輩。狼目、蹙眉俯視。黑多白少。或帶黃色。偷視。心性貪婪。羊目白睛多赤。似昏似暗。賤遭橫死。犬目、睛黃三角。低頭斜視。好說是非。

△富貴壽夭貧賤孤惡諸形相歌

富相、形厚形安。氣淸聲陽。項大額隆。眼明眉闊。耳厚唇紅。鼻整面方。背腰相正。皮滑腹垂。牛齒鶴行。聲响谷出。皆富相也。

貴骨、骨細皮膚滑。應知是貴人。坐時神氣穩。須作大功臣。兩眼神淸爽。雙眉入鬢。長骨淸神聳直。早見坐朝堂。

壽相、肉緩精神爽。如龜背脊豐。雙縧垂項下。此壽比椿松。壽堂深一指。知是老入鄉。眉生毫長白。開居百壽長。

夭相、氣短兼疎齒。神迷色帶烟。三長更三短。那得有長年。口細胸脯凸。頭低勢不昂。肥人如氣促。妻子守空房。

貧賤相、頭小額窄。耳薄皮粗。口小肉緩。形俗神怯。氣濁聲破腰折背薄。脚長肩促。鼠食蛇行。皆貧賤相也。

孤苦相、眉似羅漢。鬢若判官。眼常流淚。聲雌帶哭。人中獨髭。口紋裙幅。性好獨食。財上算盡。刻絕如此。情性不問。

孤形寒骨　薄相薄者體貌劣弱形輕氣怯色昏而暗神露不藏如一葉之舟而泛重波之上見之皆知其微薄也　惡相惡者體貌凶頑如蛇鼠之形豺狼之殼性剛氣暴骨傷節破目露聲爽皆知其凶惡必多形厄也　俗相俗者形貌昏濁如塵中之俗物縱有衣食亦多迍邅

△相神

神居內形不可見養以氣神爲命根氣壯血和則安固血枯氣散神光奔英標清秀心神爽氣血和調神不昏神之清濁爲形表能定貴賤最堪論

神不欲露露則神遊則必凶神貴內隱隱然望之有畏服之心則爲貴凡相當可神有餘而形不足不可形有餘而神不足也神有餘者貴形有餘者富神不欲驚驚則損壽神不欲急急則多誤又須相人器識器宏則能容而德乃大識高則能曉而心乃靈器淺識卑雖有餘貲則君子未免爲小人也

【神有餘】　神之有餘者眼光清瑩顧盼不妄眉秀而長精神聳動容色澄澈舉止汪洋儼然遠視若秋日之照霜天巍然近矚似和風之動春花臨事剛毅如猛虎之步深山處衆迢遙似丹鳳而翔雲路其坐也如界石不動其臥也如棲鴉不搖其行也洋洋然如平水之流其立也昂昂然如孤峯之聳言不怒發性不妄躁喜怒不動其心榮辱不動其操萬態紛錯於前而心常一則可謂神有餘也神有餘者皆爲上貴　人凶災難入其身天祿永其終矣

【神不足】　神不足者如醉不醉常如病酒不愁似愁常如憂戚不睡似睡纔睡便覺不哭似哭忽如驚怖不嗔似嗔不喜似喜不驚似驚不畏似畏容止昏亂色濁似染言語瑟縮似羞形態如遭凌辱色初鮮而後暗語初快而後慢此皆謂神不足也神不足者多招牢獄枉厄官亦失位矣

△雲谷山人相神祕訣

人以神爲主有神則發無神則衰神足則富貴福壽

神衰則夭折貧寒。神從何處得。不徒眼中認取。合一身動作周旋飲食起居進退言語視聽聲息中求之也。譬如坐則腰折是無神。坐如山峙是有神。立則足跛是無神。立如石蹲是有神。語則斷續悲咽是無神。語如洪鐘宮商各叶是有神。默則眉鎖容愁是無神。聽則如聾如蠢是無神。視則昏昧不明。動則頭傾身軟。言不响亮。威不發揚。食則過緩過速。飲則如流如雖。不睡而鼻有聲息。不語而口常呼吸。足搖手擺。睡仰行俯。此皆神不足之謂也。至於眼中之神。易以揣測。有力於視者謂之神旺。無力於視者謂之衰。視令人畏者謂之神足。令人慢者謂之神歉。此更易於辨認也。眼若無神。如醉如癡如昏如迷。此必夭折貧寒者矣。

△相氣

雲谷山人曰。氣與色不同。色屬虛。氣屬實。氣從骨來。色從肉現。有色無氣不發。有氣無色終榮。天、地、人三才。（自額至眉爲天、自眉至準爲人、自人中至地閣爲地、是卽面部三停、）得天之氣旺。則風水必發。祖德必厚。夙根必深。氣從山林、塚墓、邱陵、邊城、諸位認起。（山林管舊風水、邱陵塚墓管新風水、邊城輔弼管初德。天中天庭枕骨管夙根。此上停所管三事也。新舊風水以三代上下言之、）得人之氣旺。則家運必昌。心田必吉。事業必隆。從龍宮、兩顴、兩眼、準頭、諸位細辨。（龍宮管家運、心田子嗣。財帛兩顴管權位事業、準頭管心田、）得地之氣旺。則後嗣必隆。死獲吉地。壽登仙島。從地閣、地庫、水星、鬚髯、諸位參詳。（地閣厚者子得力、邊地闊者死得吉地、鬚清而結眼有碧光、爲仙佛、否則難以福澤斷、）氣從骨上起。如游龍。如飛鴻。近看無。遠看有。不可捉摸。似動似伏。此乃旺氣之正宗也。諸書言氣。皆非。多混在色字內看。不堪洩氣之指歸也。故人無氣有色。驟發驟敗。有氣有色。永發不休。氣聚上停。少運必發。（少運自眉而上、主十五至卅四歲、）氣聚中停。中運必昌。（中運自眼至準、主卅五至五十歲、）氣聚下停。晚景乃達

(自五十至七十五歲)時人能認得氣字看得准則對面知人之榮通斷人之禍福不爽毫厘

△辨五管之氣

耳有氣輪廓成星辰聳耳白有珠竅寬耳厚耳硬反此無氣

頭有氣頂豐圓骨不孤露有輔弼有枕骨顴高無紋無筋端正無氣反此

面有氣顴起肉豐鼻準端隆光潤鮮明無筋無紋無黑痣骨肉停勻無暗滯色無氣反此有氣神光如電黑白明亮能久視不浮不陷睛大如漆黑眼眶尖長而秀有神而不凶藏神而不昧無氣反此

額有氣無紋無陷如覆肝如壁立有輔弼無氣反此

鼻有氣上貫天庭山根豐滿年壽有肉光澤無痣準頭豐滿諫台廷尉有勢有肉夾準有力不露鼻脊不曲不偏井灶有欄不仰孔不大硬山根不纖小低塌無紋無纏豐隆端大長聳有勢無氣反此

口有氣不露齒不落當門齒口角仰唇如珠而厚多紋不薄不皮不撮不黑無氣反此

顴有氣骨肉調勻高圓起於正面夾拱鼻中無暗昧色龍宮豐滿無氣反此

地閣有氣則地閣朝元骨肉調勻地庫豐滿波池鵝鴨不陷鬚不困口鎖喉無氣反此

身有氣頭正身端膊平背厚腰圓胸闊臍深臍仰腹垂有托手不搖足不跛頭圓而正乳紅堂白多珠點不露筋骨不偏倚脊平不生槽有臀行動不浮聲洪有力反此一件則一件無氣

△相色

雲谷山人曰色者飾也現於外者也色有一日一變有數日數十日一變大抵以久凝者為實色庶可以定吉凶然已凝為實色則必見效驗然後乃散既散無復再見也倘見效而仍不散者主事還有復見故不能驟然散也此必細心審辨方知求功名宜額上黃光印堂紫色兩顴明潤眉中施豔則利暗則不利

求子嗣宜三陽明潤黃明色在臥蠶或紫氣在印堂者佳暗則不利求財帛宜準頭明潤年壽光明則主大財無論黃紫均吉暗則不利求升遷宜五岳有紫氣。天庭有黃明色。俱主升遷倘驛馬或印堂位暗主降謫色白主丁憂。求驛馬。（驛馬骨起。主貴、位於邊城稍角之間）宜驗馬光明。倘暗色主動驛馬不利。黃明在驛馬主得財。黑主疾病。暗主死亡。兼防水厄盜賊。白色在印在額。主孝服。

青色在山根主憂。在年壽主病。青在三陽主子災。赤色在山根主火災。赤如濃血在兩顴。在印堂主官訟、黑在命門、在準頭、在口、在天庭主死。黑在兩顴主刑子。黑在奸門主刑妻。黑在三陽主子死。黃色在天庭。主升官。黃明在三陽主得貴子。黃明在準頭主得財。黃色宜黃明。黃而不明反生災病。藍色滿面。主欠陰德。有陰毒事。見紅在印堂主訟。紅在兩顴。主是非。刦財。紅在準頭主刦財。紅在年壽主血疾。面帶紅色。主火災喪身。

△看面上氣色推詳月份定局訣

正二月是寅卯屬木。宜參右耳右顴。次看鼻。鼻乃一相之主。又看額。額乃天中貴人。姑無論黃明黃光紅明紫氣青潤俱佳。總宜潤者爲貴。暗則不利。不必拘泥屬木定青也。餘倣此不復贅。

三月辰。六月未。九月戌十二月丑。俱屬土。宜先看鼻。無論何色。總宜黃光不暗。年壽準頭山根黃明則佳。再相顴可也。如現火紅青色不利。紫黃而明者亦佳。

四月巳五月午。屬火。宜看額。次看鼻。總宜紅黃紫色乃佳。餘不利。

七月申八月酉。屬金。宜看左耳。次看鼻額。若得耳無暗滯。鼻額通明。無論黃紫。明者乃佳。白而生色亦佳。餘不利。紅防刦財。

十月亥。十一月子。屬水。宜看目唇。色鮮紅潤者佳。鬢宜黑色清潤。再看鼻額若得光明四透則佳。無論紫黃色。明者俱吉。至現黑枯及青色。俱不利。不必拘泥青宜春。紅宜夏。白宜秋。黑宜冬。黃宜四季也。看氣色亦宜扣准節令。最要先開部位吉凶。然後乃看氣色佳而部位不好。可保救一大半。若部位佳而氣色不好。則刑剋終凶。面色最忌紅。凡火災身災官非口舌刑剋。都宜防者

△相十二宮氣色要訣（參看第一章十二宮分位圖）

印堂赤色如絲在命宮。或起點如麻。主訟重則囚禁。黑枯如灰主死。青色如銅主禍。白色主喪服刑傷父母。無父母主兄弟妻子。黃色主稱意事。

【財帛宮氣色】鼻屬土忌青。黃色主發財喜慶。青色主疾病憂患剋耗。赤色主訟事膿血。黃赤並見主訟得財。白色主孝服破財。黑色主囚禁財散準頭黑色主死

【昆玉宮氣色】眉要光潤。青主兄弟有災。黃主喜。黃左主返田產。黃右主返田妻婦。赤主兄弟不和。白主爭訟或損手足。黑主刑兄弟事。有暗昧不明

【田宅宮氣色】天倉地庫宜豐滿。黃明。忌昏暗青主官非。黃主產業。黑主產空。赤主爭訟退業。白主丁憂。白氣如粉主死亡。紅主成田宅。黃明主加官

【男女宮氣色】龍宮位宜光潤無滯。紫色生好男女。赤色主產厄有驚。或口舌膿血。青左主生男。青右主生女。青枯主子女刑剋。輕主子病。百不稱心。黃主兒孫有慶。黃紫主生貴子。白主剋子女瘟疫水厄。黑白主哀。紅主孝。

【奴僕宮氣色】地閣氣色青主損傷六畜。奴僕走失。疾病。赤主奴僕口舌。光明圓潤。主返財。紅潤主返奴僕。白主奴僕牛馬損傷。黑主牛馬不利

【妻妾宮氣色】魚尾奸門位青主妻妾病。赤主夫婦口舌膿血。有孕主防產難。白主妻私通刑妻。黑白主夫妻男女悲哀破財損傷肢體分離。黃色主和諧

【疾厄宮氣色】山根氣色青主憂驚。赤防重災膿血。白色主妻子悲。又防手足傷。黑主自身病。紅黃紫主喜。

【遷移宮氣色】天倉邊地驛馬山林髮際黃明主財喜貴人利動。官升名就赤主是非驚恐官訟白主奴馬走失手足傷黑主道路死亡出外愼防橫死水厄黃色主利。

【官祿宮氣色】天庭中正位黃紅主升官得名得利訟有理青主憂疑訟累在官百事不稱心主刑獄災厄因訟傾家兵傷黑主降謫瘟疫黑氣如磚瓦色主死於牢獄枷鎖

【福德宮氣色】天倉地庫位青主憂疑驚恐家宅不安赤主是非又主酒食白主災疾黑主進退憂疑紅主吉

【相貌宮氣色】相父母宮日月角青主父母憂疑口舌相傷黑白主亡紅黃主親有慶

△相病人氣色

凡病人病重而氣色大好者必死所謂殘燈復明也。病人準頭直至年壽上口現青色雖四岳尙佳亦必死。

△相掌色祕訣

掌中噴紅財帛豐盈掌中生黃家有死亡掌中生青定有憂驚掌白不潤時運未通掌色乾燥財帛有刼掌中烏鴉(黑色也)主多疾病掌中紫色財祿兼至掌中卦暗求謀未遂掌上紅黃財帛來忙指上光潤運通色暗運滯

△相骨大概

麻衣先生曰骨即象金石欲峻不欲橫欲圓不欲粗瘦者不欲露骨(肉不輔骨而骨露乃多難有禍之人)肥者亦不欲露骨骨與肉相稱氣與血相應骨寒而縮者不貧則夭日角之左月角之右有骨直起爲金城骨位至三卿印堂有骨上至天庭名天性骨從天庭貫頂名伏犀角位至公卿面上有骨卓起名顴骨主權勢顴骨相連入耳名玉梁骨主壽考自臂至肘爲龍骨象君欲長而大自肘至腕名虎骨象神欲短而細骨欲峻而舒圓而堅直而應節緊而不粗皆堅實之相也顴骨入鬢名驛馬骨左目上日月角

骨右目上日月角骨骨齊耳爲將軍骨兩溝外曰巨鰲骨額中正兩邊爲龍角骨

又曰骨不聳兮且不露又要圓清兼秀氣骨爲陽兮肉爲陰陰不多陽不附若得陰陽骨肉均少年不貴終年富骨聳者貴骨露者無力骨軟弱者壽而不樂骨橫者凶骨輕者貧賤骨露者愚俗骨寒者窮薄骨圓者有福骨孤者無親又云木骨瘦而青黑色兩頭粗大主多窮厄水骨兩頭尖富貴不可言火骨兩頭粗無德賤如奴土骨大而皮粗厚子多而又富肉骨堅硬壽而不樂或有旋生頭角骨者則享晚年福祿或有旋生頤額者則晚年主富詩曰骨入骨節細圓長骨上無筋肉又香君骨與臣相應輔不愁無位食天倉骨粗豈得豐衣食祿位因無且莫求龍虎不宜相剋陷筋纏骨上賤堪憂

△相骨要訣

范文園先生曰骨有見於膚表者有藏於形氣之內者在表者易知庸相之所憑也在內者非按抑而知非推來而得隱隱隆隆若浮若沈相者以精神取之可以神遇未易以言傳也又曰頭爲六陽之首百骸之主目爲一身之精通諸竅之靈一身精神在乎兩目一身貴處在乎頭骨故諸家無論形骸貴八根器先觀神骨開眼見山此爲第一頭有七十二骨內有最佳者二十四般皆主王侯將相唯腦之後名曰星台故腦後有骨圓起如珠方起如印橫起如山高起如枕或成天圓地方日月並昇或成品字連環仰月三台皆主大貴白衣亦能封侯有等枕骨橫起而無肉無氣者或額顙顴骨四起而鼻骨坍塌者或眉骨伏起眉毛散落者或龍角骨隆起而黑氣繞於兩角者或腦後玉枕骨高起而潰壞者或頤骨隆起鬚髮如毛者或頭目有奇骨而目疾泛光無神者此必損陰騭而變相也須防破敗死亡之厄相書云頭無惡骨未可盡信也人有奇骨者雖主貴壽亦必須取精神氣魄相輔方受天祿若有奇骨而無奇神相應縱長壽不孤則貧矣有等頭額骨凸腦後骨高常受孤

貧者何也。此必骨露無神。如山石之不得氣則孤露矣。有等形體柔脆而反得貴壽者何也。此必有神骨塡之也。故相眼取神爲貴。相骨取氣爲靈也。相論根器貴質有六。內得其一便可定貴。頭腦異骨。眉間華彩。目中眞光。鼻純梁柱。聲內餘韻。掌中錦紋。乃百部之珍。一身之貴。一曰頭。人之稟氣結胎。賢愚貴賤皆定於此。骨法中貴者莫出於頭腦。頭如覆磬。額如龍角。腦骨三台。雖兩目不佳亦貴。辨骨之質取

△骨格部位圖

馹馬骨起主貴鼻骨冲印
圭貴顴骨上天倉主大富
貴地閣豐員主大富福額
角平員大富貴顴骨插天
庭大貴北人主侯南人主
貴一品得爵文主伯子男
爵武主公侯爵

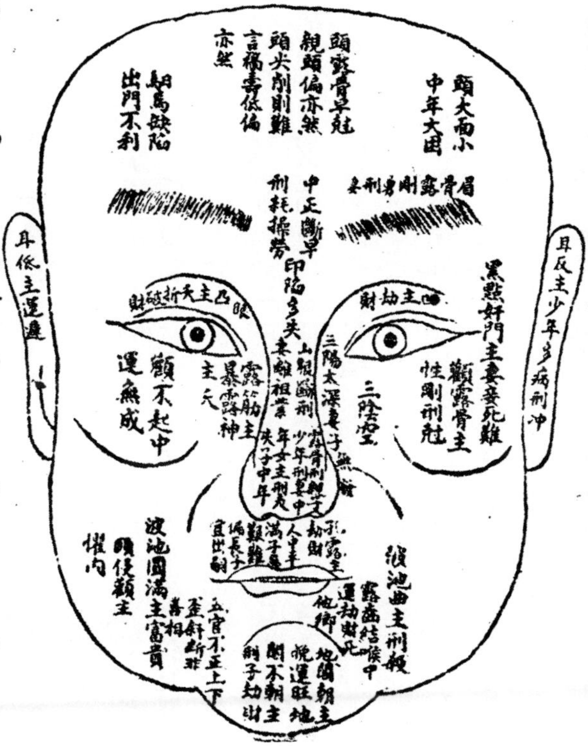

頭骨聯者貴，扁次之。碎最下。故頭取圓，圓則聯，偏場不合，不貧則夭矣，辨骨之色。以紫爲貴。青又上。白斯下。蓋青則氣清，紫則氣秀。白若無氣。則寒薄之徵也。許負唐舉辨清濁疑難者有四。一曰清怕寒。濁怕實。清怕寒者。面白而薄，眉清而疎。眼眶細長，似乎清然。而辨眼清濁處。在神，於睛內取之。不在目眶也。故目清無神，骨弱無色。肉嫩無氣。曰清而寒。濁怕實者，骨粗而又皮粗。髮濃而又毛硬，目露昏浮。曰濁而實。或間清又貴，濁又貴，如何辨。曰清又貴者，形白而有神，不必論氣。古云神清氣弱。氣無形。蓋謂眼神若到秀極處。無氣而氣自生，故神全得氣。氣全得形，而形全矣。濁又貴者。相中原非濁，乃形厚格魁。氣過於神，而神不見。然貴處正取在氣。全得神全。神全得形全矣。又曰太清曰孤。太濁曰愚。何以辨別。曰太清者。形清骨清而精寒。氣冷者是。太濁者。骨硬肉粗。神昏氣剛。毛髮粗重者是。此尤賤而不可取也。

△相肉

麻衣先生曰，肉所以生血而藏骨。其象猶土生萬物而成萬物者也。豐不欲有餘。瘦不欲不足。有餘則陰勝於陽。不足則陽勝於陰。陰陽相勝。謂一偏之相。肉宜堅而實。直而聳。肉不欲在骨之內。爲陰不足。骨不欲生肉之外。爲陰有餘。故曰人肥則氣短。馬肥則氣喘。是以肉不欲多。骨不欲少也。暴肥氣喘速死之兆。肉不欲橫。橫則性剛而傾。肉不欲緩。緩則性柔而有滯。肥不欲亂紋。露露滿者近死之兆。肉欲香而煖。色欲白而潤。皮欲細而滑。皆美質也。色香而枯。皮黑而臭。瘤多如塊。非令相也。若夫神不稱枝幹。筋不束骨。肉不居體。皮不包肉。皆速死之應也。詩曰。貴人肉細滑如苔。紅白光凝富貴來。揣着如綿兼覺煖。一生終少惹凶災。又曰。肉緊皮粗最不堪。急如綳鼓命難長。黑多紅少命多滯。遍體生毛性急剛。欲識貴人公輔相。芝蘭不帶自然香。

第七章　坐臥行動言語聲音血脈飲食相法

△相坐臥

坐欲端正嚴肅男女皆然不宜體搖身動足亂頭垂凡此皆不足之相也坐若邱陵者主大貴坐欲肩圓項正體平起坐舒適此皆貴人之相也柳莊詩曰坐若邱陵穩且平為人忠孝立功勛若是體搖並足動愚頑下賤不須論臥乃寐之安不可不穩凡臥如龍之盤犬之曲乃貴人之相也凡睡將手抱頭者善明詞訟長腳長手為停屍睡大不好也睡長夢多自言自語者乃狂詐之徒書云只因夢裏多狂語每向人前謊語多凡睡背仰天者主餓死睡中搖足者乃上等之相睡中啓口者主夭不閉眼者惡死睡中開眼張口者必遭刑穩曲呼來還言吼管教白手起千金凡呼欲同聲高方妙眠宜身曲行宜身直方為妙格

△相行動

行乃一身之舉動形迹之所流露也貴人之行氣從下降力聚踵履之間故身不搖而足不亂也賤人之行多伸縮多偏倚夭人之行多軟弱多輕浮奔走之人不住址狡人之行多過頭剛人之行多挺秀商賈之行身重而腳輕封君之行身重而足定（背厚臀圓有福之象）位小者行必搖手力在股肱位大者行必身莊氣藏胸背

△相言語

言語關乎榮辱輕則招尤訥則寡怨泛言多露齒狂言多口大慎言多唇長直言多齒齊急言者多口薄詐言者多齒小好說便宜者多口反好說短長者多口踈當門齒大而齊不狡不毒當門齒小而斜不謹不信舌大口小多言不了舌小口大言語急快舌大多紋言必合理舌長者言有根柢舌短者言無經濟舌上黑暗言無終始舌內鮮紅言必有中語未出而舌先見好語人非語不已而頭下垂心非口是此乃

相言語之大略也。

△相聲音

夫聲音者。以氣爲根。氣未發而聲先變。主不藏事。難掌重權。聲與氣相爭出。謂之噪哇。主性急財祿不足。聲未鳴而氣先出。謂之太溢。主壽不足。氣出於聲。聲發爲韻。有聲無韻。俗骨格。有韻無聲貴人胎。故貴人之聲。出於丹田。與心氣相通。混然而外達。詳緩洸達。而閒談有含情。語終留餘響。不唯雅人。兼是國士。小人之聲。出舌端。快捷低小。一句未絕。二句便接。如秋蟬晚噪。驟馬聲嘶。俗惡難聽。終爲貧賤也。丹田者。聲之根也。舌端者。聲之表也。所以聲從丹田內出。有聲、有韻、有音。遠而不散。近而不已。淺而能壯。深而能藏。大而不濁。小而能彰。細而不亂。幽而能鳴。餘響滴澈。似若笙簧。宛轉流韻。此爲好聲。好聲者。並保祿位。聲從舌端上出。有聲無音。無韻。響則盡去。去則不遠。噴噴若孤鳴。粗濁飛散。細嗄寥濁。撥亂淺濫。洸濁瘥礫。舌短唇強蹇急無韻。乃惡性人也。主有禍難名刑獄厄。有官必失。有福必礙。來和子曰。聲與韻何以辨。師曰。禽無聲。獸無音。聲主張發處尋見。音主斂歇處尋見。相中論聲。雖然辨韻。然而論聲。必要高暢遠博者爲上也。希夷問曰。常聽有聲高者貧而夭。有聲低者貴而壽。何以分別。師曰、聲雄如鐘則貴。如鑼則賤。聲雌如雉鳴則貴。如蛙鳴則賤。以此辨之。清濁之音得其半矣。如清中之濁者。則內輕而外重。如濁中之清者。則內蔽而外明。聲濕而音潤。主發生。聲噪而韻乾。主有重疾。大如洪鐘騰韻。鼉鼓振音。小如玉水流鳴。琴徽奏曲。可悅衆心者。君子也。聲起於喉。發於舌。張而散亂。而浮。輕重不均。嘹嘵無節。聞聲觸怒而惡聽者小人也。老祖曰。聲有清濁之別。氣有清濁之分。色有清濁之辨。故上相之相聲。中相之相氣、下相之相色也。希夷問麻衣師曰。聲壞可改乎、師曰。若要改聲。必須改心。問曰。聲壞如何改。心師曰、音者聲之餘也。心者、聲之根也。人有肅殺聲。有慈悲聲。有歡聲。有樂聲。皆在人之喜怒哀樂中流出。故曰、聞其聲而知其素者心也情也所以論人善惡之心皆發於音見乎情也老祖曰聲者乃修五行之造化辨六腑之根苗出於五臟總諸靈而成響內以傳意意與氣會心欲有言聲以隨之故人之聲應五行配以宮商角徵羽推之以陰陽古察萬象以定吉凶唯五音之中其韻律能藏往知來矣書云商聲知貴宮聲主富徵聲主勞角聲主賤羽聲主死其說不然人不知音斯罕喻矣五音亦各有善與不善之別也夫宮聲之善者韻嚨嚨以和平不善者濁紛紛而痿弊商聲之善者韻鏘鏘以款鳴不善者碎傲傲而無緒角聲之善者韻噭噭而調直不善者動扎扎而寥落徵聲之善者韻遙遙而流烈不善者干排排而散漫羽聲之善者響嚶嚶而還徹不善者淺屑屑而稍折故宮聲重大沈壅商聲堅勁廣博角聲圓長通徹徵聲抑揚流利羽聲嘹藹低先曉此意然後可以知聲之善惡也宮商之聲平徵聲上羽聲去角聲入或問曰平聲何以辨乎師曰收之入口謂之宮推之出口謂之商也以此爲異夫宮人商聲之善者多子孫後代貴昌金爲土子得商聲之不善者傲妄橫惡或帶痼疾或不官子孫得商聲之善者大貴職位高遷木爲土鬼得角聲之不善或有牢獄之厄得徵聲之善者本宜子孫保父母存火爲母父剋金也得徵聲之不善者小喪父爲母所酷也得羽聲之善者得賢良之妻奴婢大富木爲上財得羽聲之不善者得不善之妻或早喪其妻或孿跛羸殘常抱疾患舉此一端以例推之盡可知矣故曰聲無宮則輕無商則乾無角則濁無徵則緩無羽則低聲乾無財聲濁無文聲緩無權聲低無學有聲無韻壽難長仕難進也

△相血廛

血廛者由五臟六腑而生本心田陰騭而發也故人必以有血廛者爲貴而黑廛不與焉血廛根心田存心善者則生也前有惡而後有善則生前有善而後有惡則瘀人能以善存心血廛必起起於山林塚墓邱陵者主壽而身後得善地起於山根鼻準者主貴

起於淚堂龍宮者子孫顯。起於奸門魚尾者妻妾賢。起於口旁者主祿。起於印堂者主貴。起於頂心者主成仙佛。起於手腕掌指者主通神道。起於乳胸腹背臍陰者主子貴身榮。起於腋下者主通神遊。起於足者主貴。起於腰肩脛膊者主貴。起於耳者主神聰。起於目者主神視。血痣之生。無位不佳。至於黑痣。先於漆。藏於身者亦佳。而面部五官仍不宜有也。

△相飲食

飲食憑水星。（口也）水星爲祿堂。飲食之司也。紅潤。晚朝。食祿必豐。黑小覆斜。衣食必薄。貴人飲食易容受而吞咽無聲。所謂龍飧虎食也。賤人飲食多泛溢。溢而咀嚼有響。所謂猪飧狗食也。鼠食者夭折貧寒。雀食者飢餓凍餒。食能兼人。地閣朝。腹有托。大福之人。食能兼人。地閣不朝。腹又無托。丐食之人。有食必病。皆因唇薄口小之人。無安皆是唇紅齒白之輩。噎食者因鬚困口。故主胃寒。餓死者因口反元。又遭紋破。（凍餒紋入口、或口外多紋）服毒皆由入絕食。皆由黑氣侵。放飯流歠。皆是賤人。嚙骨咬筋。亦同其類。

第八章　痣及紋痕麻面相法

△相痣

夫黑痣者、如山之生林木。地之出堆阜也。山有美質。則生秀木以顯其秀。地積汚土。則生濁阜以著其痣。萬物之理皆然。是以人之骨肉瑩白而美。便生其痣。以彰其貴也。人之體膚粗黑而濁。生其痣以表其賤也。至於論痣之法。亦非槪論。凡大而無色者爲黯。或大或小而不起無色者。謂之汚。黑如漆。赤如珠。瑩如玉者。方主大富貴、不紅不黑者。非美器也。凡生兩足膝骨上者。謂之勞源。主奔波。兩足底下。謂之寶藏。瑩大高起而有毫者。主封侯。大而不高者。發財。左乳上之左右倉。主積蓄財穀。兩乳中間爲男女宮。主生貴男女。腹上下謂之福源。主貴生好子。臍中爲六腑總領之所。丹田之戶。名曰龍闕。又曰含珠。主多福慧。而多貴子孫。臍下兩傍爲左右野。主小貴。又曰、凡痣天中貴位。不宜居。男妨父母。女妨夫。兩耳輪主慧。耳內主壽。耳珠主孝。耳弦主賊。山根主剋害。年壽主兵死。鼻側主疾病死。眼上主吉利。鼻頭防刀死。鼻梁主迍邅。人中主婦易。口側聚財難。口中多酒食。舌上主虛言。唇下多破財。顴上主失職。承漿主醉死。高廣防二親。尺陽主客亡。輔角主兵喪。邊地主外亡。山林主虎傷。刧門主箭凶。靑路主客死。太陽夫婦吉。魚尾防妻離。奸門主妻傷。夫座主喪夫。妻座主喪妻。長男剋長子。中男剋中兒。次男剋次兒。金匱主破敗。學堂主失學。命門主火厄。奴婢主妨奴。波池主溺水。盜部主奸竊。兩廚主乏食。祖宅主移屋。大海主水厄。年上主貧困。地閣少田庄。三陽損男兒。三陰損女子。雀卵斑者主妻子難爲。作事犯重。女人傷夫剋子。天年不吉。書云、面無好痣。未可盡信。蓋朱熹左面七痣。乃星宿中來。名聞後世。而文王一痣當胸。生於四乳之中也。關夫子頰聚七痣。合北斗中之首出也。郭令公臍內有痣。乃龍關有珠也。唐安祿山兩足底有痣。刺史張守珪一足底有痣、而今人足底有痣而不驗富貴者何也。蓋相非一一論。守珪足底有痣而得富貴者、不獨一痣也。必然眉目英秀、骨肉瑩潔而愈彰其美也。老祖論痣之法。最要緊者、圓如珠、紅如丹。黑如漆。白如玉者。方准其用也。若大而無色。小而不明。雖生隱處勿貴也。

△相面紋

三三紋偃上者。名曰偃月紋。主朝郎。田田紋偃上。一紋直者。名曰懸針紋。主節察武臣。紋王壬字紋者主封侯。惟須四邊無有紋侵破方准。一紋從天中下至印堂。名曰天性紋、主卿監。短而在印堂上下爲懸針紋。印堂上二脈直上三寸者、名曰鶴足紋。主刺史。短者爲殺紋。三三横紋繞者。主早喪父。短亂者凶。長而兩頭垂下者、名曰華蓋紋。主孤。一一紋横而曲者。名曰蛇行紋。主客死。井井字紋者、主員外郎。生於印堂者貴。巛川字紋者、主憂慮刑厄。從眉根起多憂。

△相額紋

論人之紋、關係巨大。能變凶、亦能變吉。紋有明暗。氣有開閉。紋理放光。紋外紅黃紫氣盤繞。爲陰騭紋現。必有大陰德事。紋理黑氣冲出紋外。鬱鬱而慘淡而明。主損陰騭。凶者或成羅網。或成交叉。或成懸針冲破於諸部、或勾紋現於年壽。皆主凶也。美者爲陰騭紋。或現於三陰三陽。或現於玉堂天門。或懸針轉脚。或帶令地閣朝天。紋理如銀如紫之明亮。此皆主吉。紋理瑩煖明潤。主老年無病而長壽。紋理暗黑乾枯爲休囚。無運而壽不永。

文園詩曰。時人要識惡儀形。交叉懸針額中生。須得眼前逐日過。奈緣災害不曾停。額方廣厚潤光輝定。見官榮位不卑。額下横紋終絕代。額微尖小沒田廬。懸針入印刑妻位。破匱侵顴耀位難。孛（月孛也在山根之下）帶忍刀人帶殺。若臨紫氣性無寬。天下眞理太乖期。無奈生來有此儀。衣食平平終日有。只緣形相損妻兒。奸門亂理多淫蕩。魚尾修長老不停井字陰陽終自縊。酒池縷縷喪波瀾。眉上雙生鹿角紋。此人形體異常人。若向帝廷呈藝業。築壇應拜上將軍。目下竪紋爲淚痕。平生衣食只隨時。眼前每見無兒分。宜養他人作義兒。口畔微生兩縱紋。此人必賤不須親。眼前雖有安家宅。他日蕭條必受貧。火星尖狹是庸流。紋亂凹兒主配囚。赤脈兩條侵日月。刀兵刑法死他門。

相麻面

形體魁梧面有麻。眉清目秀更堪誇。再冀五岳相朝拱。豈是尋常俗子家。目有神光麻有氣。兩眉不斷多奇異。若還破印並鎖口。難許崢嶸成大器。

麻色忌暗滯。宜明紫。爲有氣。精實氣固麻色麗。氣散神衰麻色枯。兩眉一鼻一口一印不爲麻鋪陳間斷方是貴氣麻也。

第九章　改相變相祕訣

▲改相訣

人面如風水故有五岳四瀆之分鬚眉鬢髮如山林樹木風水結穴常有因山林樹木閉塞峯巒明堂水口諸位而不發者人相亦如之豈風水之山林樹木可改而人之鬚眉鬢髮閉塞生氣獨不可改去乎但世人昏昧不悟動以相由天定決不可改誠大謬矣雲谷山人曾見有善人因鬚眉鬢髮閉塞生氣者及力行善事忽然脫去得邀天佑者亦有善人忽遇異人點破改去獲吉者但只可爲善人點化也至於額尖沖印髮脚閉日月角駟馬位髮生鑽毛髮脚無分合宜改不然則刑剋定見改則變吉眉生箭毛直豎眉毛或上生角或鑽毛或粗濁壓目亦宜改不改則刑剋定見改則吉眉宜配目剛柔相得乃佳

▲改鬚訣

鬚忌連鬢忌困口忌鎖喉改則吉不改大凶食官祿者最忌鬚連鬢與困口鎖喉

▲改鬢訣

鬢忌過命門過命門者有三凶命夭貪淫刑剋故宜改不改多禍相薄者得此必夭相滯者得此必困相孤者得此必刑主無子相淫者得此奸淫髮忌連年一生無運而愚宜改不改則凶

(改鬢有五形)　金宜圓木宜直水宜曲火宜尖土宜平若不參五行生剋之理而改易之必主大凶善者得金乃改不善者雖萬金莫與改也否則必有夭殃焉　凡改額眉鬢各有分寸宜加注意也

▲改乳毛訣

乳旁之毛以一二條爲玉帶其色軟而烏者是也有此毛必多子若多硬毛多生多剋子欠得力又主無子求子者倘多乳毛宜將硬毛拔去復生復拔僅存近胸位者留一條仍要黑軟者方可如此不過五年

內可生二子。倘色全無烏乃軟者。須全拔去亦主五年內得三子。此是秘訣改相全憑人力。變相蓋由天成也。

△變相論

風鑑家許柳莊之徒。往往以刑骸聲色。決人休咎。未可概論也。古來有鑄形換骨。去僞育眞之變。凡人頭額枕骨口齒質性可變。而一時難變。惟有氣魄精神鬚眉肉色。其變最易或遇病而更。或隨心而改。遲則半年。近則日月時刻皆能變也。論頭額場者。卽能長骨長肉而變圓。面滿神彩。氣秀骨榮。疾能失神喪氣而改容。就平足論。自有筋流脈縮之異。就耳論。焦黑能變瑩白。瑩潤能變焦枯。就目論。赤脈貫瞳。能開障復明。明者亦能障掩其光。就鼻論。端直榮厚者。可變焦赤。火爍其土。就鬚眉論。翠秀者可變枯索散落。其丰彩疎斷者。亦能復翠。就齒論。有落而重生。瑩美堅固。亦有缺落侵破其關鎖。或問曰。改容變態。言之詳矣。至於性格紋痣。骨肉精神。何以變形。曰論紋者。其性極活。轉折無定亦能化凶化吉者也。論骨肉者。以氣血精神。滋其榮枯。以揣摩人精神之盛衰。而辨其盛衰。察其氣魄之聚散。而別其聚散。故能速生。亦能速槁。論痣者。隨人氣運而生敗。凡生於顯處者祥。則可隱而退。論氣色者。得天機自動之變。通或聚而有形。或散而無跡。氣爽嶽瀆。色朗三台者。有德之氣。發祥之兆也。氣離神亂者。作孽之氣。不祥之兆也。論氣質性格者。乃有痕而無形也。如智果論智伯相。長於人者有五。其鬚長大。射御足力。技藝畢給。巧文辨慧。剛毅果敢。然而性甚慘刻。將赤吾族。其後果爾。丁謂之弟見謂心行殘忍。遂遯湖濱。後果殺身。如二人。預叫其質性狠堅。至死不能變易者也。西門豹性褊急。佩韋以自寬。董安國性遲緩。佩弦以自急。二人氣質。自能感化。皆見稱於聖人。夫寬廣正大。卑瑣狡猾。發乎天然。故可笑可愚。可善可惡。有終身爲君子而不變。亦有終身爲小人而無改。亦有頃爲小人。頃爲君子者。呂尙無形篇云。相有形中之形。有形外之形。

此二者變人喜怒之心而變。隨人善惡之性而更有等堅心立品者。或迷於酒色而喪行精返修德者或昏於財氣而改常。只此好惡之心在人自己亦不能作主人翁焉。得一相而可定其終身。特在人踐形不踐形之間。而難定於一定不易之斷也。此篇一問一答之法最據。陳希夷問道於麻衣云。嘗見有子之相相不變而無子。乏嗣之貌。貌不更而生男。壽者相而天年。無壽相而長壽。福重敦厚之形。形不易而遭刑。天命祿盡必亡之相。相不改而壽全。何也。答曰。心生相貌。以理言也。吾聞古人相法。以洪範五福六極爲主。察其人忠孝仁義。守道有恆。便到顛倒造次時不改其節者吉相也。必享五福之慶。若人不忠不孝。不仁不義。而便到顛沛造次時。無改其性者凶相也。必受六極之刑。故相人之學。取其形容骨格者十之半。得其變者亦半也。學術者不可不知也。

戒殺變相

陳摶相曹彬曰。公邊城骨起。印闊眉開。目長光顯。必主早貴。所忌頤削口垂。無有晚福。凡出兵屠戮。宜開一面之網。彬然其言。後下江南。托病戒殺。全活億萬民命。一日又與摶遇。摶曰。公髭鬢驟長。口角頤豐。金光聚耀於面目鬢眉。必增祿壽矣。彬問何爲金光。摶曰。金光者。德光也。其色如紫光晃亮。人若陰德有感。面焰金光。眉焰彩光。目焰神光。眉焰毫光。色焰祥光。其氣外明而內徹。不獨增壽。當蔭子孫遠福。書云。人無一定心。而無一定相者。信然也。

東平王出獵時。遇一老叟拍手歌曰。人死爲羊。羊死爲人。無人知覺。可悲可笑。王問歌意。叟答曰。我聞蜀中之猿。索其子而腸寸斷。柳州之狐。抱母皮而觸階死。雖爲禽獸。亦知天性。況君相帶三殺。宜改相爲吉。王問何爲三殺。叟曰。如破鑼者。謂之音帶殺。色如昏醉者。謂之神帶殺。火氣貫睛者。謂之眼帶殺。犯此三殺。壽恐不終。王問作何善事可改其凶。叟曰。汝爲國王大臣。何事不可爲。若能捨財爲一切濟人利物之事。皆有回天之力。若要不費財行萬功者。只要發一言之正。有益於萬民。卽可以變相矣。王感悟。積德累功三年。復遇叟曰。殿下腹內生堅固子矣。王問何所見而言之。叟曰。觀王神滿氣完。聲音和雅。目不晦而有定光。此卽變相也。王問何爲堅固子。叟答曰。凡成佛作祖者。便生舍利子。爲金剛不壞之體。眉間長放光明。積德者性根堅固。腹內便生堅固子。眼內必有定光。王曰。我無德可爲、平日止因爲國爲民。受人毀謗。我亦忍辱不退。叟曰。此卽性根堅固。身心不壞矣。一日朝臣讚王於帝前。帝召王問汝在家何樂。對曰、爲善最樂。帝讚曰。其言甚大。將王子孫十八人皆賜侯印。

△損行變相

損行變相者。如高孝標孝積。其母產二子時。駢肩而下。不分前後。至於相貌舉止言笑皆如一。及從學造進。吟誦穎悟。文墨皆如一。先生亦莫能辨。甫冠國入庠黌。完娶。父母恐二媳莫辨孰爲夫。乃命各以衣履別之。又同時各生一子。考試補廩亦同。一日兄弟二人遇希夷。相曰。汝昆季丰神秀異。眉翠目碧。鼻直口硃。耳白輪紅。氣清神澈。皆係科第中人物。況今目耀彩色。必主同登科第。命同相同運同。皆由前定也。及秋試。借寓隣有麗婦少孀者。私挑孝標。正色拒之。後挑孝積。遂與私焉。累婦不得其死。場事畢。兄弟同見希夷。相兄眉焰紫彩。眼耀文星。必主聯捷。相弟非但不中。而且夭絕。兄驚問其故。希夷曰。觀弟之翠眉變癩。碧目浮睛。硃唇色翳。紫矗之鼻赤而黑。巽挑之耳乾而焦。神色頓然枯槁。氣冷而散。此必損德變相也。及放榜。果然兄捷而弟殂。伊子戲魚溺於水。兄又聯捷。官至七十誕日。思弟囑其子孫云。叔與我駢生。論命相莫不與我相似。因損德後祿壽不能與我相同。可不愼乎。遂嘆曰。易見者相。不易言者命。命在天也。相書云。人之相也。應天時。合人事。其精神之忽散忽聚。志氣之忽斂忽弛。有中刑外。不可掩也。故造物大公之心、禍可以罪減。罰可以功贖。生心發面。惟人自造。陳摶相張堯封曰。君面豐枕空。須防無子晚窮。堯封笑曰現有五子何言乏嗣希夷曰論汝鼻梁貫印五岳朝宗當身貴而子榮奈腦後無一地可容前後不相應也堯封曰常見有無枕骨而貴何以爲准希夷曰此非概論凡人耳後豐滿過於面者不必論枕骨也堯封不信其言未及三年連喪四子往見希夷論曰相人雖取骨豐爲福壽殊不知其中有破相者三堯封問何爲破相者三希夷曰一相腦骨雖取橫山仰目爲貴若目中無神彩鬢眉不翠秀非古相乃俗相也二相頭雖取聳凸高起爲壽若肉不瑩稱血氣微薄者如三石之不得氣而不靈也三相面雖取骨之磊落朝拱爲貴殊不知聲內若無音腦骨不相應乃質而不足取也故有肉有骨而有氣者曰古而厚主貴而壽有骨有氣而又有神者曰媚而秀主貴近君皇也有骨而無肉無氣曰硬而剛主孤刑也無骨無肉又無神曰薄而弱主夭壽也今觀君面全五山腦後單薄必須修福變相方有收成堯封遵教遇飢荒獨出貲救活千萬人生命一夜夢見一神鑿開其枕骨將三環嵌入堯封痛醒腦後不覺驟長其骨往問希夷希夷賛曰此卽三台骨相應五山當大顯功名後果中科甲幼女又爲仁宗皇后贈太師

管公明相能通神嘗謂人曰我額上無主骨目中無守精鼻無梁柱脚無天根背無三甲腹無三壬此皆無壽相不見男婚女嫁何晏鄧颺求輅相輅曰觀何君目泛睛浮面如灰土血不華色精彩烟浮魂不守宅此爲鬼幽相鄧君兩目泛黃肉不居體筋不制肉起立傾倚君無手足此爲鬼躁相宜退而不宜進二人怒目而去輅舅叱曰此二君威權當世汝不避禍而戇言大可畏也輅笑曰如對死人言何所畏耶二人不久果被司馬懿所誅

△孝行變相

管輅出游見趙顏於田中眉間發出黑毒氣冲入命宮年壽問年十九乃本命也嘆曰惜乎少年不壽顏伏地哀求借壽之法輅南指曰汝可備淨酒一壺鹿脯一塊來日攜往南山大松樹下見有二人盤坐石

上弈棋。向南座者穿白。其貌甚威。向北座者穿紅。其貌甚慈。汝可將酒脯勸進。求壽切勿言我所指點。次日趙顏攜酒脯入南山。果見有二人在大樹下弈棋。顏跪進酒脯。二人隨手取食。不覺飲盡。顏遂哭拜求壽。二人大驚。知為管輅所言。白袍者取籍檢視。趙顏壽限十九歲。紅袍者曰。雖屬管子多言。此人必有天緣。稽其平日行事。係一孝子。遂於十字上添一九字。壽延九十九歲。并囑曰。回告管輅。再洩天機。必犯天罪。顏拜謝歸。見管輅詳告所遇。輅曰。穿紅者為南斗主生。穿白者為北斗主死。今汝面上黑氣。猶如日破重雲之象。必添壽矣（按此係孝行添壽）

△作孽變相

來和子相盧杞（一）君面雖藍若鬼氣。魄厚而神深。龍唇豹首。眼露赤光。輔鬚逆豎。乃精獸中來者。當大貴大凶之象。後果居相位。為人作孽深重。將罹沒身之禍。往見來和子。復相曰。觀汝面上官星雖然未退。藍氣泛白。殺氣皆退。神奪氣移。精彩烟浮。肉肥氣冷。無有生色。百日內須防陰司口舌。杞曰。陰司事汝何以知之。答曰、相中有六神之氣。其中有鬼神不測之奇。一為青龍之氣。其色如絳繒叠明。故紫彩之色見於三天。發於子宮生貴子。發於官祿財星陞官爵。發於陰騭垂囊降天祿。一為勾陳之氣。其色如黑風吹雲。主家業分離。一為玄武之氣。其色如朝烟和霧。主惡夢死亡。一為朱雀之氣。其色如晚霞映水。主口舌官災。一為滕蛇之氣。其色如草火將灰。主盜賊火災。一為白虎之氣。其色如凝脂塗油。主病符孝服。心鏡歌云。六神之氣。獨勾陳玄武最凶。若從天門纏於子宮。必損子孫。纏於福德準頭。必敗家業。纏於命宮。必損己命。氣侵四門五竅。必犯天誅。今觀君黑氣如烟煤色在五竅。冲出君之五臟。必先壞矣。故知汝幽冥之難將至也。杞問何為四門五竅。答曰。四門乃乾坤艮震四位。五竅乃耳目口舌鼻五官也。今察君之面形。容鬼躁。魂不守宅。身體雖在陽間。其神已先歸地府。急宜戢海。少解其罪。杞凜然嘆曰。我速行好事。可易相乎。來和子曰。汝今罪孽已露。悟之遲矣。改之無益也。

△行持變相

三刀和尚遇一行禪師指曰。觀汝一身似火。噴頭似瀝血。此爲頭與身戾。終不免白刃之患。況目暴而露。眉粗而逆。宜修戒變相爲吉。健曰。我終身守己善道。忍辱無嗔。有何殺身之禍。師曰。不然。有等相不犯凶而遭極刑者。乃因今世自作孽之變相也。有等未遭極刑。而先現刑戮之相者。乃因前世妄殺人命。未經償報而現相也。便是守法無辜。亦不免遭刑難矣。健問師如何修戒可免惡難。師云。汝欲脫難。必須捧誦金剛寶號。極放生活命。果便能離此惡相。健依言放生誦經有年。後果無辜被人牽害極刑。將決時。師往看之。指云。觀汝惡相已脫。身無累矣。健曰。無事時言凶。有禍時言吉。何也。師云。向汝之相頭與身戾。氣血不接於六陽。今觀汝目珠反露。變而慈和。正定眉粗逆豎。變而長隨蓋目。頭與身戾。變而血氣貫通於六陽。德光隱焰於五竅三堂。眞乃顯然相之變也。後至臨刑時。連施三刀。身首無傷。刺史問云。汝有德乎。有術乎。答云。皆無。祇因昔日我師指健有殺身之禍。早晚虔誦般若經。方悟殺身時無有我相人相衆生相耳。刺史遂免其罪。人稱爲三刀和尚

第十章　女子相法

△女人善相兼有德

頭圓額平。骨細皮滑。唇紅齒白。髮香髮軟。髮幼。指尖掌厚紋細。密聲清。寡言笑。行步緩而正。坐臥端靜。神清氣和。豐頷重頤。背圓腰平。腹垂胸闊。肩圓面如滿月。乳大不垂。臍深有托。身白過面。齒大而齊。鬢薄烏潤。身香骨肉勻。

△女人惡相及淫相。

雲谷山人曰。大凡淫婦之相。每於舉動行爲言語飲食之間。總有一番矯揉造作處。名相家一見便知。凡顴高露骨。結喉露齒。主刑剋貧苦。蓬頭亂髮。主貧蛇行鼠步。主淫賤。眉連髮粗。主刑苦貧賤。六親無靠。鼻上生節。主刑剋。鈎鼻露乳。主淫賤貧苦。目露四白。主凶有機害心。兼刑剋孤苦。額上多紋。刑剋夫子。雞胸狗肚。主貧寒淫賤。眼筋多而纏睛。主毒害傷人凶惡難產。雄聲焦烈。主刑暴妬忌。剋夫無子。生鬚生癦。貧賤刑剋。下唇過上唇。刑夫剋子。上唇特大且厚。性剛頑硬。愚賤寒苦。側目窺人。未講先笑。行走頭裊。鬢不弄鬢停針。縐眉搖身。唱曲。髮黃無眉。面多斑癦。有眉無威。皆主淫賤。人中平滿。眼下肉枯。龍宮冲破。口如吹火。女生男相。眼深骨粗。唇黑口大。額凸無牙。皆主貪淫刑剋。面黑聲洪。主淫惡。兩眉豎起。主刑夫。見人即笑。是淫相。鷹視狼顧。羊飧雀步。舌急口快。而色青烏。眉稜骨現。陰沈不聲。作事乖張。行坐若思。頭垂暗點。聲焦眼斜。聲急眼酷。皆主酷妬。眼光如豔。面帶桃花。面光如油。口大無收拾。陰戶毛如草。陰戶硬無肉。皆屬淫相。面滑身澀。喜怒無常。一搖三擺。盼前顧後。坐立不定。夢中多驚。均屬淫相。

詩曰、女人捲髮不相宜。行路昂頭一字眉。鼻節顴高唇又展。刑夫三兩又刑兒。　桃花滿面眼流光。手擺搖頭軟腰裝。剔牙啄齒提衣領。側倚門前任四元。

雀步蛇行狗蚤跳。一行一步把頭搖。路上行人忙揜面。與人私約度良宵。天庭窄狹髮侵眉。頭角粗黃口角垂眼下肉堆無肉起。貧窮一世又無兒。女子仰面更昂頭。口上生鬚不自曲。髮垂眉粗腰又弱。隨軍隨賊走他州。低頭含笑是娼淫。手掠眉頭又看身。坐立頻搖低唱曲。偷情男子作夫親。赤目黃睛產育憂。胸高額凸縐眉頭。口如吹火牙如炭。一世孤伶一世愁。人中平坦子難生。况及龍宮有破坑。眉粗殺重脣色暗。深睛凸額養難成。手指如搥節又疎。乳頭不黑受奔波。臀重無腰行步急。不為娼婦亦姨婆。口小齒細眼微微。足動頭搖聲又嘶。斜視頻嗤。鼻孔仰貪淫好色老須為。面無華色聲又破。顴高髮重夫先過。縱有兒孫恐未眞。性情堅硬急中錯

△女人七十二賤相（若犯一件必有私淫）

兩眼浮光。桃花之面。皮白如粉。血不華色。肉軟如綿。皮滑如油。面多斑點。眼角低垂。未語先笑。搖手擺頭。面帶兩削。面全兩陷。面肉堆浮。眼露白光。一唇自動。口角生紋。鵝行鴨步。側目垂頭。斜視偷觀。自言自語。臀矯胸高。腰細肩寒。臍凸近下。乳頭白下。皮縐如紗。面大鼻小。額尖脚搖。齒白不齊。唇白不厚。唇青如靛。笑若馬嘶。一步三搖。一言三斷。語言泛雜。頭大無髮。鶴腿彎腰。行如雀步。談笑頻阻。矯臀無腮。見人掩面。身如風柳。陰戶無毛。獐頭鼠耳。縮頭伸舌。托腮咬指。陰毛如草。長面圓睛。剔齒弄衣。嘆氣伸腰。陰戶惡臭。頭下過步。回頭頻顧。坐不安穩。腿上生毛。舌尖唇掀。舉止癡迷。站立偏斜。額廣鬢深。鼠齒鬼牙。性情多變。如馬換蹄。長身短項。鼻仰朝天。眼閉眉蹙。蛇形鼠殮。項細肩寒。指短腰偏。飲食無盡。無事自驚。頭偏額窄。背陷腹小。夢中長蹄。

△女人卅六刑傷廿四孤

三十六刑傷者。黃髮拳髮。睛赤睛黃。獨顴生。面額有旋螺。額高面陷。額有紋痕。印有懸針。少年落髮。骨硬皮急。面長口大。面瘦生筋。面生三角。耳反無輪。面尖腰窄。面滯如泥。山根低陷。地角偏斜。項如角節。聲大

如雷性急如火神濁氣粗天大地小白氣如粉年壽起節肉冷如冰粗骨大手肩背偏斜眼大眼圓喉結齒大髮硬骨硬夜睡多呼喘如吹火鼻內生毛骨起腮高命門骨高面如雲母（色如粉也）

女人有二十四孤乃貧苦之格犯者夫星子息難言二十四孤者無眉不立（不立不生子也）聲破不立三十前髮鬢目深陷鼻陷深低雷公吹火臍小淺凸股肱無色髮不滿尺腰圓三圍乳頭不起肉浮血滯肉重如泥一面滯色皮薄骨細肉多骨少三陽如墨無腹無臀有額無腮地大天小形類男人面尖耳小唇白舌靑陰陽混雜（眼乃子宮黑白不明者亦屬孤相之一）

△女人七賢四德

七賢者行步周正面圓體厚五官俱正三停俱配容貌嚴整言語不泛坐眠俱正得其一主夫明子秀

四德者平素不與人爭競苦難之中無怨言勤儉持家節飲食聞事不驚能尊敬四德俱全必生貴子

女人以血爲主男子以神爲主凡女相神足血足皮厚皮寬肉實骨正自多福壽詩曰血衰皮急命難全皮薄乾枯壽不堅若是皮寬幷血旺須信松筠福壽添

△麻衣女相論

男性屬火女性屬水故男人太剛不宜太弱更不宜女子宜柔太剛不宜女相總論十二宮五官六府三停然女相內中止取五件爲用性定終身成敗眉主壽算鼻主夫星口乃子星眼定貴賤凡觀女相先看鼻準爲夫星若要收成子貴還須唇紅齒瑩子息成名必定鳳眼龍睛旺夫起創還看一面無虧六削三尖豈能興家立業面如瑩玉何愁不產麒麟興家之婦定是三停得配享福之人必然額正眉清面大無腮血旺無氣休言福德血和氣深眼中藏秀必產貴兒眼大鼻小豈是旺夫之女目正神淸可配良人之妾

凡女人以血爲主皮乃血氣之處血乃皮之本看皮

色可知血衰血旺皮明血潤皮赤血枯皮黃血濁皮黑血衰皮白血敗濁則賤青則淫衰則夭滯則貧故此血宜鮮明表裏明潤可為貴人之妻與母矣小兒開聲無韻主賤女子開聲無韻主貧女子髮少血滯不宜肉浮又不宜男子神足氣旺相宜氣促不相宜男人要目清女子要髮厚男人眉細主得陰人財帛女子眉細定旺夫家女子掌上細紋耳中巽桃方言多子

△許負女相論

許負論女篇有十忌即性忌剛暴心忌嫉妬言忌虛浮語忌刻薄神忌不藏氣忌淺露色忌青徹血忌焦赤事忌刁巧行忌不常

又云一曰刑而惡者氣濁露神赤目貫睛浮筋露骨面肉橫生結喉齞齒遍體粗毛鷄胸鴨背馬面猿睛三陽肉蠹年壽起節目露四白聲破如鑼性急如火犯此相者半刑夫子半刑妻二曰貴而善者目正神安氣靜容舒鬢髮如雲眉細如畫瑩齒如玉掌紋秀錦肉瑩骨秀口小方正笑不露齒行步徐緩坐立如山此為命婦三曰貴而淫者目光浮水面泛桃花齒白如雪眼黑如漆面青徹骨見人掩面未語先笑一語三斷一步三搖伸頭縮舌托腮咬指剔牙弄帶掠鬢整衣側目垂頭斜視偷覷坐立偏斜性情多變合此相者半為姬妾半風塵四曰貧而賤者獐頭鼠耳鶴腿鷺腰高胸薄背凸乳蹻臀赤面烏唇焦牙鬼齒希眉脫鬢鼻仰斜空長頸結喉闊嘴灘唇酒食無盡有此相者不為奴婢定作姨娘婦女之貴在乎動靜有恆喜怒有節平素不與人爭競苦難中無有怨言不淫妬不輕躁幽閑貞靜眞乃塵中貴婦有等手如柔荑膚如凝脂螓首蛾眉巧笑美目性不柔和熊心嫉妬何足取哉且如無鹽女白頭深目仰鼻結喉凸胸折腰四十而未嫁短褐獻策齊王曰婦人貴在德生威儀不在嬌媚態度遂納為后故論婦女之性若得三從四德之賢縱犯五刑十敗之相亦不准其凶四德者婦德不必才名絕異婦工不必精巧過人婦

容不必顏色美麗。婦言不必辯口利調。

△雲谷山人女相八字訣

一曰敬。一見可敬者貴壽而多男。(敬者有威有媚、有態精神端肅聲音和諧坐視平正、得純相之氣、故也)二曰重。一見可重者貞潔而福澤。(精神肅穆、舉止端莊、腰圓背厚、面方胸闊、聲清重頤、言語溫柔、雅淡肅然有不可犯者)三曰喜。一見可喜者邪蕩而易誘。(多風流媚態、令人有所思也)四曰輕。一見可輕者。貧薄而賤妖(行若蛇坐若斜語癡笑意情奢)五曰畏。一見可畏者剛強而欺心(聲殺面橫額闊顴高雀步蛇睛似男子氣象)六曰恐。一見可恐者刑剋而惡極。七曰惡。一見可惡者醜陋怪臭硬。(醜者蠅而龜胸唇掀齒露眼白多鼻孔仰行如奔聲帶破此之謂醜陋者擺手搖頭咬指斜行仰面偏顏衣不稱體此之謂陋怪者顴高眼深髮短指齊目凹唇鬆臭者身臭口臭陰鼻狐鼻也硬者骨硬心腸硬聲音硬此必男轉女身。)八曰駭。一見可駭者。

螺紋鼓角脈也。(螺者陰戶內旋、有物如螺、紋者竅小實大也鼓者無竅如鼓、角者陰內有物如角則陰挺挺也脈者一生經水不調及崩帶漏下之類)

△產育生死吉凶

女人面赤黑定知有產厄。唇齒不能蓋。產中多事故。女人面上黃懷孕必安康。左掌青紅生男右掌青紅生女。明豔生產易枯槁難生育左脚先動男右脚先動女回顧分左右三陽青色子如若三陰紅又決是生女婦女過於肥者主無子過於瘦者主刑剋過於高者主刑傷眼露唇掀齒露主產厄掌中震位黑亦然。

第十一章　小兒相法

△麻衣小兒相法

莫道嬰兒無相出腹便知一生。大道凝成有三般精。能養血冠衆體。氣以養形而化成神者妙萬物而爲言者也。小兒以氣血精神爲福壽以日月五星爲曜用也。凡眉骨連鼻兩目光明方言成器。六府削五官薄。斷不成名。五岳朝。四水清。決無短壽。眉清目秀者。必不窮。寒皮厚氣旺者富而且壽。骨弱氣薄者不得安榮。天削地空少年多困。紺髮硃唇壽元亘長。山嶺斷。羅計低難守家財。鼻若直眉若秀可許功名。聲若破。色若昏。破敗之子。頭若圓額若廣現成家業。神如電。聲如雷。貴爲侯伯。

神鑑云。凡觀小兒之相。雖取五岳。其實先看三嶽爲主。何也。骨格未成。三岳可以鎮定一身之福位。故小兒生下。三岳乃一出胎所成。何者爲三岳。曰額爲南岳管幼歲。鼻爲中岳管中年。地閣爲北岳管晚景。三岳中如一岳不成。恐其難養。縱大亦多敗。所以論三岳中南岳高。少年多福而好養。中岳高中年大成家業而易養。地閣厚而晚景生多福壽。故天高主貴。地厚主富。人位强主有官祿。上岳低妨父母。中岳陷敗祖基。下岳空一生窮。三岳全而兼骨秀肉瑩。氣象昂然。兩目有眞。此乃尖削刑傷地薄貧賤。鼻尖多敗。凡嬰兒易養者。睛能轉盼。胎髮齊眉啼聲悠揚。臥息安神。不但好養。定當大貴。龍睛鳳目。鼻骨連山。貴當極品。

△呂祖嬰兒相法

小兒易養者。頭腦骨連。神足神安。氣寬氣厚。色藏色秀。髮青髮翠。骨紫骨青。肉實肉香。眉清眉秀。聲清音遠。形厚血旺。腹垂背厚。唇紅齒瑩。鼻直準圓。皆主貴壽。

難養者。頭皮急。三歲關。面大無鼻。一歲關。疎髮稀黃。

十歲難全。皮薄露筋。貧夭可知。氣薄睛涸。週歲不全。沒有脚根。難過三春。聲絕復揚。一週難保。肉重如浮。唇薄如紙。一歲必死。耳後無根。眼內無肉。不滿三春。鼻無梁骨。縱大無成。頭大頸細。五週不備。雙目無神。五歲有厄。腹大腿小。三歲不了。眉散骨散。三歲而死。眉散齒早。定然少亡。頭尖鼻薄。五歲防厄。眼昏如淚、不夭孤貧。通仙錄云。童子取氣旺。童女取氣藏。男子取目秀。女子取眉清。古云、眉者媚也。女子眉細有彩。目長有威。可許貴郎。鳳肩鳳頸。兼鳳目。可配君王。大概眉細目長。準圓額平。四者爲貴。故女取肩圓背厚。項長鼻直爲良。項短髮長。背陷額高爲刑傷。按女子十三歲血足。男子十六歲骨成。凡人一結胎。無有不得天地之氣而成形者。得正氣而成者。骨秀而神清。得邪氣而成者。骨粗而氣濁。然從修行中來。雖昧佛性。不離佛相。從作孽中來。雖爲人相。不離獸性。有根器者。目靜目明。骨清神澈。精液充足。頂圓頂平。腦枕豐厚。鼻梁貫印堂。硃唇玉齒。掌紋如錦。澤腹方臍。囊若荔實。此等之兒。不貴得貴。不富得富。積德之家生此兒易養易成。無禍者生此兒。亦必夭死矣。無根器者。頭上之骨。顖門不合。啼聲散亂。掀唇露齒。目迷腦空。鼠耳羊睛。眼如黑豆。肉若羊皮。指如鼓槌。聲若破鑼。此等之兒。不貧自貧。不刑自刑。薄福者生此兒易長易養。厚德之家生此兒。反主夭亡。觀此相法。根源無不了然矣。

古人有言。三歲知八十。相法上論骨格部位爲主。然而小兒行藏。叫跳便識將來。五官俱正。兩眼如星。大貴之兒。髮青骨紫。福壽之男。一出胎而目有神。眉細緊。髮紺翠。易養少病。一下地而髮不足。腦不連。眼無神。愚而難養。眉高耳高。必然聰俊。眉低耳低。不成格局。眉高鼻高。現成家業。眉翠眼秀。文貴之兒。色若暗覆敗之子。氣若明興旺之兒。全鏡篇曰。耳輪薄反。少多疾厄。頭圓項平。富貴天生。睛能轉看人。聰明有祿骨軟腰無力。愚頑少壽。

△柳莊嬰兒相法

在腹先知男女（解曰男胎動必停勻母雙眼下白瑩準明印潤女胎眼上青暗又主難產凡男胎抱母女胎背母或上或下爲夭胎或左或右爲壽胎貴胎動必停勻自無毒病賤胎腹內多動母常有病廣鑑先生曰男胎母氣足神常清女胎母氣不足神多亂平常聲清懷孕必生福壽之男平常聲濁懷孕必生孤苦之子唇白多產難臨盆宜安靜大富貴者胎自安賤者胎亂動壽者母必安夭者母多病壽者母印紅夭者母唇白貴者母精光賤者母神散）

臨盆可定日期（解曰印堂紅主丙丁日火旺必生男準頭黃主戊己日土旺必生男水星口角明主壬癸日水旺必生女雙顴明主甲乙日木旺必生男天倉下庫明主庚辛日全旺生女必難產生男可安康滿面暗色不開還有幾日只待何處明方許臨盆忽然一明復一暗必死無疑女人臨產之時看右手心紅在乾宮生貴子紅在坎宮生富子又好養掌心爲明堂紅潤必生福壽之男若是青色必產敗家之子

莫道嬰兒難相一生出腹可知（解曰凡下地小兒紅黑爲妙白色主月滿身亡身生白瘖滑如糊因臨盆前房事多主多瘡疾更有七件好養男兒頭髮齊眉好養多福利頭皮寬好養大貴鼻孔出氣閉口睡好養鼻高唇紅厚好養有神啼聲先高後響大者好養陰囊大縐黑而有弦者好養有二十一件不好養面大無鼻樑一歲關頭皮急三歲關鼻樑不起一歲死睛如黑豆身不滿週睛圓如鷄一週可知體軟如綿三歲不全沒有脚根難過二春身大後小一週難保肉重如泥骨少必夭穀道無縫難過一春唇薄如紙一歲必死耳後無根不滿三春玉枕不成能言而亡沼有輔弼只好二七（其骨在髮邊如無此骨主十四歲夭）肉多骨軟頭大頂細一週不滿雙目無神不過三春眼如含淚只好二歲頭尖又薄五歲逢厄腹大肚小三歲必了髮黃又疏二歲而死無眉齒早三歲而死一週內生齒主好養一週外生齒主大貴五六月生齒者主夭死上齒先生者主聰明而妨

毋凡小兒頭頂宜平耳正兼硬聲高氣足神爽方好。此爲相嬰兒之大概雖不可拘泥而論苟生上破相之一而另有其他好處或係命好祖德厚即可逢凶化吉本來成人之相不尙執一而論何况嬰兒稍長即變更論下斷語也。

二日知一生三歲定八十。（解曰、二日知一生者小兒下地之初秉先天之氣極驗後來乳足好養肥胖。變相轉覺難看在初生三朝內若唇紅且厚者必貴。耳硬者貴啼時一連三四聲不換氣者大富貴啼叫自動大來有力善武睛黑轉看者必貴唇薄不爲妙自能動頭者是能人啼叫無力者一生不如意三歲定八十者蓋言三歲已不食乳好看五官六府三停骨格性情之賢愚自見小兒精壯神足一生病少寐時口合語不露齒乃福壽到老之相俗說三歲定老相上原有此說二歲之童汗宜香聲宜清響眉宜黑髮宜黑細黃細亦不妨耳低百無一成髮生角主愚賤生天停主賢貴大概相童之法以神血氣骨皮爲五刑之理神欲清血欲明氣欲和骨欲堅小兒骨欲硬大人骨欲軟皮屬土故稱皮土皮爲臣骨爲君君臣欲配皮骨欲勻皮厚骨少少年亡皮薄骨高少云死此五者有一件非貧即夭。

人從少長先觀童相爲先骨格未成五六三停可定（解曰此言小兒不可不相凡小兒大概先看刑體凡眞氣象昂然此乃大成厚者有壽薄者有知天削刑傷地削貧賤睛黃愚頑鼻小大敗頭偏尖不成器耳低反必窮途神散多狂僧道耳低必定窮途神散多狂破而長淫小兒骨格雖未成但五官六府已成不可不依理細看何一官好何一處不好一生全要以頭爲主天停不好一生不妙不成事人言過此方好乃是亂道。

嬰孩童子各有一說。（解曰、此言不可一概而論凡三歲爲嬰孩相神氣不相五官十二歲內外爲童子還相五官六府三停十三歲、官爲主不可以乳重論

閨女童女另有一相（解曰嬰女之相與男不同忌

天庭高顴骨聳聲大睛大眉重性躁此數件俱主妨母少兄弟又主破家十歲為童女忌聲高書云殺夫三顴高額不平欲知三度改嫁定然聲如男子相女之法和潤色明為妙第一件忌齒白細尖黃大疎稀大概貴男無賤骨貴女無賤齒女如齒白尖細多淫少子)

先言三岳乃出胎腹所成(解曰、額為南岳地閣北岳右顴西岳左顴東岳鼻為中岳此乃五岳小兒何以先看三岳蓋因額鼻閣乃面部三停出胎已成獨顴骨還未成凡小兒最要此三岳中正不塌為上如南岳高(額也)多福利少災好養中岳高(鼻也)成大器好養北岳方圓隆滿(地閣也)主有大富凡上高主貴地厚主富如一岳不成者難養即養大亦是敗子上岳低則好父母中岳陷則敗祖基下岳削則一生窮困此皆不足之相也

次看五官誠恐後來更改(解曰、凡小兒不可以面上為驗恐後來有改換之處難看貴賤只看神色氣肉四件)

古相多般豈能遍讀今時氣數難依古書(解曰、古來有名相家極多如麻衣希夷呂祖達摩鬼谷唐舉諸先賢共有七十三家相法論理各不相同後宋人著為人相編總云相有萬般難逃生剋之中面有百美只恐變換於後觀相不可認真論斷還宜動察「俗例小兒不看相即是故也」今時天道南行運屬下元甲子(此係袁柳莊先生之言時在清初乾隆時代故稱下元甲子)非若古人氣壯身强生得神餘肉厚今人多薄削枯乾者內中偏有大富大貴推原其故一因世弱人稟薄不厚二因積陰德於世大則救人性命小則振人困苦修德積福薄相亦能載厚福矣柳莊先生深恐俗相家空費心神不知訣法特用秣筆作此心鏡立書授婿以廣其傳

小兒頂平眉重皮寬可言好養(解曰、凡小兒頭小必不成人尖頭大來不成器故要頂平為主眉輕無壽大人欲眉輕小兒欲眉重皮寬者必然好養皮急

者性亦急定是難養十無一生。

少女髮黑暗長耳正可許貴人（解曰、少女乃十三四歲之時最喜髮黑耳正眼秀書云鳳頸鳳肩兼鳳目女人可許配君王古人身長而眼大一寸今人面闊三寸半豈有一寸之目不過細長藏秀爲妙眉圓背厚及項長爲貴項短髮長必有三郎耳反額方四度成雙總之女相以細眉長目準圓額平爲妙

第十二章　古人觀相精論

△劉邵相法九徵

相人物之本。出乎情性。情性之理。甚微而玄。非聖人之察。其孰能知之。凡有血氣者。莫不含元一以爲質。稟陰陽以立性。體五行而著形。苟有形質。猶可卽而求之。蓋物生有形。形有神睛。能知精神。則窮理盡性。性之所盡。九質之徵也。故如平陂之質在神。明暗之實在精。勇怯之勢在筋。强弱之質在骨。躁靜之決在氣。慘懌之情在色。衰正之形在儀。態度之動在容。緩急之狀在言。其爲人也。質素平淡。中睿外朗。觔勁植固。聲淸。色懌。儀正。容直。則九徵皆至。純粹之德也。試分論以明之。

一曰觀其類族。以識英雄。夫草之精秀者爲英。獸之特拳者爲雄。是故人而聰明秀出。爲之英。胆力過人。爲之雄。此其大體之別名也。然而英雄豈易言哉。必焉聰能謀始。明能見機。胆能決之。然後可以謂之英。張良是也。才氣過人。勇能行之。智足斷事。乃可以爲雄。韓信是也。故英可以爲相。雄可以爲將。若一身兼之。可以長世矣。

二曰觀其奪救。以明間雜。見可憐則流涕。將分與則慳嗇。是慈而不仁者。睹危急則生惻隱。將赴救則生畏怠。是仁而不恤者。處虛義則色厲。顧利欲則內荏。是厲而不剛者。是故不仁之質勝。則伎力爲害器。貪悖之性勝。則强猛爲禍梯。亦有善情救病。不主爲害。雖傲狎無傷。善助著明。雖嫉惡無害。救濟過厚。雖取人不貪也。

三曰觀其感變。以審常度。觀辭察變。凡事不度。必其有故。憂患之色。乏而且荒。疾災之色。亂而垢。雜喜色渝然以懌。慍色厲然以揚。妬惑之色。冒昧無常。其言甚悅。而精色不從者。中有違也。其言有違。而精色可信者。辭不敏也。言未發而怒色先見者。意憤溢也。言將發而怒氣送之者强所不然也。
四曰觀其至質以知其名。凡偏材之性、二至以上。則令名生矣。氣淸力勁。則烈名生焉。勁智精理、則能名生焉。
五曰觀其所由。以辨依似。是故輕諾似烈而寡信。多易似能而無效。進銳似精而去速。訐施似惠而無成。口頭似應而心非。面從似忠而退違。此皆似是而非者也。亦有似非而是者。大權似奸而有功、大智似愚而內明。博愛似虛而實厚。正言似訐而情忠。
六曰觀其敬愛、以知通塞。蓋人道之極、莫過愛敬。是故孝經以愛爲至德、以敬爲要道。愛敬之誠、動獲人心者也。
七曰觀情機以辨恕惑。夫人之情。抒其所願。則喜以自伐。歷之則惡。爲君子則犯而不校、小人願人之順己也。以伴愛敬爲見異。以偶邀遊爲輕浮、苟犯其機。則深以爲怨。
八曰觀其短以知其所長。有短者未必能長。長者必以短爲徵也。故精欲深徵。質欲懿重。志欲弘大。心欲謙小。精徵所以入神妙。懿重所以崇德宇。志大所以勘物任。謙小所以愼咎戾也。
九曰觀其聰以知所達。夫智出于明。明之於人。猶晝之待白日。夜之待燭火。其明益威者。所見及遠。之遠之明賴是以守業。夫勤學未必及材。而材藝精功。未必及理。而理義辨給。未必及智。而智能經事。未必及道。而道思玄妙。然後乃用。各自獨行。則仁爲勝。合而俱用。則明爲將。是以觀其聰明。而所達之材可知矣。

△范文園流業論（尙有體別論、義理深奧、非初學所能了解、故從略）

夫人流之業。各有別焉。雄略高廣。包容可法。是謂器度之家。蘭相如、黃叔度是也。建法立制。强國富人。是謂法家。管仲商鞅是也。思通道化。策謀奇妙。是謂術家。張良范蠡是也。兼備三材。其德足以厲風俗。其法足以正天下。其術足以謀廟勝。是謂國士。伊尹呂望是也。兼有三材。而三材皆微。其德足以率一國。其法足以正鄉邑。其術足以權事宜。是謂器能。子產西門豹是也。兼有三材之別。各有一流。風節之流。不能弘恕。好尚譏訶。分別是非。是謂臧否。許邵是也。法家之流。不能創思遠圖。而能受一官之任。錯意施巧。是謂伎倆。張敞趙廣漢是也。術家之流。不能創制垂則。而能遭變用權。權智有餘。公正不足。是謂智意。陳平韓安國是也。凡此八業。皆以三材為本。故雖流派分別。皆為經事之材也。能屬文著述。是謂文章。司馬遷班固是也。能傳聖人之業。而不能幹事施政。是謂訓詁。毛公貫公是也。辨不入道。而應對資給。是謂口辨。蒯通淳于髡是也。胆力絕衆。胆略過人。是謂驍勇。白起韓信是也。凡此十二材。皆取其意。察其性。定其質也。主德不與焉。

文園先生曰。觀九徵之法。重在器骨材品為要。古來安天下。足百姓。無不重人材人品也。材品何以辨。凡貴視其不傲。富視其不驕。達視其不恃。窮視其不卑。貧視其不取。如師德之薦仁傑。蘷正之舉夷簡。關公之封金。亞夫之輕王。卽其一端。可知其生平。而材品昭然若揭矣。

△范文園傲相論

傲乃相中之最忌。貴人敗相。多由於傲。千罪百惡。皆從傲上來。如象之不仁。丹朱之不肖。未常言相。惡皆只是一傲。便結果一生。故子傲不孝。弟傲不悌。臣傲不忠。謙字乃傲字對症之藥。堯舜之臣。非但是外貌卑遜。而且身心相應。允恭克讓。而謙焉。得不到忠孝全名。又如周公見士。一飯三吐哺。一沐三握髮之謙敬。不傲慢人者。遠大器也。貧儒傲骨。固不可無。然傲而妄大。又不足取。且論相之法。大局看氣魄。小局看精神。大局之氣。喜怒不變其神。不易其急。舉動如滄海之波瀾。漩漩而露。小局之器。舉動輕狂。作事淺露。妄恃才品。為萬人杰。睥睨不可一世。且如班仲升之投筆。自有近功遠略之學問。又有虎頭燕頷之貴骨。故得揚眉吐氣也。今人但習其氣概。而無才量品行。奇神異骨。妄想學步班超。東施效顰。不值知相者一笑耳。

張蒼求許負相曰。我口不生齒。恐防夭壽。負曰。胎氣所成。又在次論。蒼曰。相經有云。齒乃百骨之餘精。壯則堅。衰弱則落。可辨筋骨之盛衰。可驗壽命之長短。我口不生一齒。焉得有壽。負曰。相中雖取此爲壽。然而論人之壽。尙有七法。一曰眉高。二曰耳厚。三曰年壽豐滿。四曰人中深闊。五曰齒牙堅固。六曰聲音遠震。七曰神氣充足。通仙錄云。有形不如有神。祕訣云。論壽最要者心。修心則壽自可延也。故老子曰。世所難定者唯壽焉。張蒼後爲首領。時曾救九郡生靈。事後官至宰輔。壽百歲。時看子孫形相。嘆曰。我爲顯宦數十年。兒孫輩佔盡世間便宜。今雖目擊五代。形貌一代鄙猥一代。世德漸薄。恐後不熾。晉桓温生未期月。温嶠見之曰。此兒伏犀骨三路貫入天梁邊城骨週圍四起。能載岳瀆。有此奇骨。可使試啼之。聞温聲謂伊父彜曰。此子精氣神與聲音相應。五山眞英物也。以温嶠所賞識。遂名曰温。及長。果有丰概。目光如電。使人不敢仰視。自以雄姿似宣帝劉琨之儔。肆意妄爲。劉琰相之曰。觀其眉如紫石稜。鬚如蝟毛磔。乃孫仲謀司馬仲達之流。但嫌其氣露不守。神陷不收。氣魄精神威儀。盡露骨髮形局規模。盡張所行傲妄志大言大。他日恐有滅族之患。書云。有此炎炎英杰之相。便是傲大相。亦當耳。蓋傲富貴人。尤忌小人之傲。其禍尙小。大人之傲。其禍更大。公能斂之。祿壽何憂不彌遠乎。温後北伐還。得一巧作老婢。卽劉琨之妓也。見温而泣。温問其故。老婢對曰。觀君形貌甚似劉司空。温大喜。更衣坐問。婢曰。觀君面甚似。恨氣旺而威露。形甚似。恨太昂而不持重。眼甚似。恨神焰而無守。眞鬚甚似。恨有紅光而無紫彩。聲甚似。恨無條音而直暴。細察君相。雖不及劉司空。亦可作一極貴之臣也。温褫冠解衣而怒曰。大丈夫豈在人下。後不覺其志而滅。

論人質性忌乎傲。然而浮躁淺露。與執滯沾戾者。亦忌。凡人形體魁梧。血不華色。氣質暴戾。若不遭刑於中年。恐當孤疾於暮歲。蓋容貌者有形之道。氣質者無形之道。執拗即惡氣之始而復張者也。故相中最忌疾生於戾氣。怒出於沾戾。所以論性格氣質沾戾者多病而夭。氣清而神短者。聰明而夭。氣昏而神寒者。孤貧而夭。氣亂而神驚者。癡疾而夭。氣浮而神奔者。敗家而夭。氣暴而神泛者。禍侵而夭。氣執而神戾者。無子而夭。是故執拗浮躁。一生之病根也。

△古人觀相彙編

【陳摶相呂蒙正子姪】　陳摶受麻衣教。預能知人。太宗召見。謂羣臣曰。摶獨善其身。不干勢利。所謂方外之士也。遣內使送至中書。官舍宋琪呂蒙正延入問曰。先生得玄嘿修養之道。可以教人乎。曰。摶山野之人。於世無用。亦不知神仙黃白之事。吐納養生之理。非有方術可傳。假令白日升天。亦何益於世。今主上龍顏秀異。有天日之表。博達古今。深究治亂。眞有道之聖主也。正君臣協心同德。與化致治之秋。勤行修煉。無出於此。宋呂以語奏帝。即賜號希夷先生。蒙正以子姪扮僕求摶相。摶曰。二子神骨秀異。豈爲人下者。蒙正以子姪實告。摶曰。觀君郎眉如刻畫。眼如曉星。翰苑品也。觀君姪氣魄廣大。眼有龍威。必爲國柱。後蒙正三居相。以年老告歸。仁宗問曰。卿諸子孰可用。對曰。諸子雖爲翰林。皆不足用。惟姪夷簡。職雖理刑。氣度宏遠。乃宰相才也。帝遂命爲相。

【袁天罡相婁師德】　天罡相婁師德曰。君方口博唇。必是賢人。後果爲相。復問天罡曰。是時羅織紛紜。吾能善終否。天罡曰。觀君氣如秋雲。色莊而溫者。貌能拜相。德能終相。何憂耶。仁傑頗輕師德。師德雖知仁傑輕之。寬中容德。並不以私廢公。薦爲相。太后問仁傑曰。師德賢乎。對曰。爲將能謹守邊陲。賢則不知。又問。師德知人乎。對曰。臣嘗同寮。未聞其知人也。太后曰。卿之入相。乃師德所荐。亦可謂知人矣。仁傑出朝嘆曰。婁公盛德。我不得窺其際也。是時羅織紛紜。久爲相。卒能以功名終其身。

【裴行儉相王楊盧駱】王勃、楊炯、盧照鄰、駱賓王、皆有文名。裴行儉曰。士先器識而後文藝。勃等雖有文名。浮躁淺露。難成遠大之業。惟炯稍沈靜。應得令長。餘能令終。爲幸矣。後果王勃溺南海。照鄰溺潁水。賓王被誅。惟炯得終盈川令。行儉一言而定四人之終身。非行儉之有慧眼。乃四子之無慧性也。

【李承之相王安石】王安石爲鄞令時。李承之相曰。面美瑩潔。乃清貴之器也。但嫌黜汗其潔耳。用園蔞洗之。必去。安石曰。天生黑痣。園蔞其如予何。李退語人日。論安石器宇動作。令人不可及。但言僞而辨。行僞而堅。心性執拗。無通若居三公。必誤天下蒼生矣。相中取富貴者。不在骨格。定在面貌。而今重在言語。如何定人品位。且如孔子觀文章。便知人精神聚散。蔡中郎聽琴音。便知其心帶殺。亦有觀洒掃進退。知其興廢。亦有觀行住坐臥。知其明心見性。但論語言情態。不能辨貴賤也。

【許邵相曹操】許邵一見曹操言語。便決其爲治世之能臣。亂世之奸雄。夫面貌者。相之表也。言行者。相之裏也。利人之言。美如珠玉。害人之言。銳如刀戟。言狂者。必敗名殺身之機也。言慈者。保家之相也。言虛浮而不實者。鮮克有終。言戇而思奇者。直也。才士也。言慎色眞。淡泊寧靜。其所遇不論窮達。安頓自然者。有德君子也。言語奸深。窮見事情。議論風發。旁若無人者。不可與交也。恃才調而雄辨。矜誇倚富貴而驕慢傲妄者。無論貌相英異。骨法瑩美。無有不敗家喪名者也。凡人生處有陰隲。相有全體。不足以蓋一端。有一端。可以蓋全體者。論相須合天心天倫爲應。廣鑑錄云。相外更有十成。一曰五岳齊。二曰六曜明。三曰笑語和靄。四曰聲色深秀。五曰接對無僞。六曰行歷光明。七曰氣度有容。八曰言忠行篤。九曰富貴不淫。十曰貧賤樂於孝。何愁功業不成。

【一行禪師相郭子儀】郭子儀初在行伍時，李白在哥舒翰座上見之。曰此壯士眉長入鬢。目光射人。面起重城。聲響隔山皆聞。此乃形神骨力有餘。他日必位極人臣。時儀爲牙門將。後建大功。歷諸道節度。同太白出師。遇一行禪師。求問終身。師曰人雖具形。來自無形。其本來面目。無中生有。今觀君身分足。貴氣量廣大。得配五合之局。他時身崇聲譽。名重王侯。太白問曰。何者爲合。師答曰。上相之士。不相身面。其貫亦同。相雖取耳目口鼻與倉庫顴面關鎖之有情。其意實在天性天倫配合者爲重。所以論面雖忌灘輪反勢。鼻忌山斷嶺折。目忌赤陽反照。眉忌間斷逆流。粗硬立豎。鬚忌毛短反插。海底蓬松。至於行誼薄劣。奸詭不正者。皆爲逆反不合之局。主一生多成多敗。觀子儀骨正直而有陰陽。言正直而有剛柔。得天地相合。視瞻穩而聲音清。體貌重而行步舒。得天官相合。氣溫粹而有光華。色純淨而無瑕疵。得天心相合。識量多而權亦重。度量大而貌可親。爲天機相合。敬上下而懷忠義。愛百姓而足信行。此爲天倫相合。有此合天之相。一生凶災難入其身。福壽永終矣。後果年將及百。功高天下。

【無名氏相直不疑】　直不疑爲郎官時。因有償金之德。皆稱爲長者。相者曰。觀君面貌短促。鬚髮渺禿。官卑而終困於貧。觀君氣度器量。足以蓋生平之人品也。不疑曰。我嘗聞富貴窮通。辨之以相。何以取器量耶。曰面貌雖列百部之靈。居然而性格氣度。可以定人之一生作用也。面方耳大。相貌全福。無有容貌。何足取哉。且如皐陶。色如削瓜。削瓜者。言其貌之嬌嫩而氣薄也。論相主人夭壽無福。乃皐陶身爲士師頤壽。何也。伊尹面無須麋。無須麋者。眉禿類言其疎也。論相主爲人六親無情。君臣不合。乃伊尹君臣一德。何也。傳說身如植鰭。植鰭者。言其身如魚鰭直立。無有下部也。論相主爲人無有收成。乃傳說子孫富貴。何也。此皆似孔子論澹台滅明之相。雖無君子之貌。而有君子之德。

不疑後果爲御史大夫。

【袁柳莊相徐輝祖】 徐中山王長子輝祖問柳莊曰吾不欲承藉先蔭自當創業可乎柳莊曰視君氣概嚴冷而剛介可取視君容體柔媚無威而氣驕視君之鼻有伏犀貫頂之嫌恐難定其功業輝祖曰論我家世料無刑險之患有何難定柳莊曰不然酒色財氣雖非相法實係相法敗倫喪節損名害命莫不由此而變態也惟古來有大力量者能輕其財遠其色不嗜酒不使氣勞其筋骨餓其體膚乃創業器也輝祖曰論我體雖經霜雪之練似也論我鼻美中有不足之嫌恐未必然伏犀貫頂相家常許侯王之位如何言凶柳莊曰相家但知有伏犀貫頂之處不知有準空竅露之危相法與看地尋龍相似伏犀貫頂即天中發派之處鼻孔闊露即來龍洩氣之所也輝祖曰予常見有鼻孔開露未見其凶何也柳莊曰相非一論其人必然額不高隆山根低狹來派不弘縱有飄泊之患亦無大患有鼻梁貫頂準頭開露大忌然自有守眞神可以鎮不准其凶惟君之相雖有貫頂之貴忌乎竅露眼晦運交其位免禍爲幸後果坐獄死

【王戎品相山濤布衣】 山濤布衣家貧謂妻韓氏曰忍飢寒我當作三公不知卿堪作夫人否韓氏每見竹林六友皆賢達有容不知何所重朝夕皆仰止於濤韓氏竊聽其談交論事方知其夫度量足以包容六人矣王戎品曰濤雖貧窶容姿態度澄澄絕俗可觀若登高山臨水幽然深遠眞大人相爲禮部時器宇不更仍然與未達時無異後爲吏部尚書猶如一未遇書生此種器量未易識也韓氏預能品識濤器量在六人之上可知古人作歇器者中則正滿則覆且如羅隱一言而傷天地之和貴骨盡易功名限於其器者也故相人雖論五官成六府就者爲厚而有福然亦當察其形之厚薄而定相之厚薄也惰薄易坦桶薄易裂人薄易敗理之必然也有等未至高位預作富貴性質

浮華揚爲沈重妄矜才智倨傲尊長乃薄相也喜近匪人擯遠有德多憎多愛難事易悅亦薄相也意趣迫促窮見事情聞過輒喜輕忘人恩羞貧賤交輕變鄉土語音破相也如張彥澤之異表英眸形是吉而向凶乃凶也澹臺滅明之目爆齒張形是凶而趨吉乃吉也故觀相必須識其形察其變豈可妄下斷語耶

【一行禪師相裴度】　師謂中立（裴度字）曰相汝眼光浮外縱紋入口須防餓死度一日游香山寺還婦人三帶之德復遇一行師曰汝位必三公矣度笑曰一月前相我當餓死一月後相我云位必三公師曰相汝之面須防餓死相汝之心還當極貴度曰但見有相面者未聞有相心者師曰七尺之軀不如一尺之面一尺之面不如三寸之鼻三寸之鼻又不如一點之心度曰人之心如何相之師曰要知天上意須在雲中取要知心裏事須辨眼中神汝積陰騭（陰騭論見後）猶如耳鳴惟己知之但我看汝目光不浮而紫氣貫睛口角紋長過於陂池而髭鬚頓美定行陰騭變相也必享極貴之天爵後果官至出將入相自題像贊云爾身不長爾貌不揚胡爲將胡爲相一點靈台丹青莫狀

【司馬德操相關羽】　關夫子相得清奇古怪四大威儀正氣神光滿面丹鳳之眼細長而內含真彩清之正也臥蠶之眉五道飄拂及腹之鬚奇之正也五岳隆起四水歸源古之正也面赤氣清神藏威露怪之正也司馬德操相曰觀公兩目真光英氣逼人當建非常功業千百年後與天地並立徐庶在旁問曰目中有真何以定千百年之事業答曰真之本源乃得之於五臟六腑之精華發之於目者爲真即慧眼佛眼天眼之靈光也得此其福位則鬼神不能移聖智莫能易也望之氣揚四座威鑠八方寵辱不驚其神喜怒不觸其色真如青天白日光明正大令人可親可畏爲人必全忠義

何也。蓋形以七尺爲期。貌合兩儀而論五形。爲外剛柔喜怒跳伏爲內。剛柔五行之治。在天爲金木水火土。在人爲心肝脾肺腎。外爲耳目口鼻舌。發爲仁義禮智信。具此五德。配五行之相。上之爲聖賢。爲神明。次之爲大臣爲名臣。無不可見也。

【范仲淹之相】 仲淹爲秀才時。便以天下爲己任。相者曰眉濃伏彩目秀貫形鼻直而蘭廷輔正。爲人忠正厚德。觀君目中有眞氣魄有光英偉端大。剛介莊嚴。不過一清廉之貴質。觀君容顏奇妙威德自在內秉聖德。如見神姿眞賢相也。故爲官清正。不以子孫爲計。以天下之憂樂爲憂樂。史臣斷其孝悌滿鄉黨。忠義滿朝廷。事業滿邊隅。功名滿天下。

【唐舉相孟嘗君】 春秋四公子。皆以得人稱。而田文尤著。生於五月五日。其父靖郭君惡其有刑剋。十歲時唐舉一見奇焉。其父曰此兒形貌不逾中人。豈堪負荷吾家堂構。舉曰此子目彩五輝有望營天下之色。必當開基立業。豈止承襲先蔭。更取其面部得其地勢。當有賢士共業。其父曰言其相貴則有之。何由知有共事之人。舉曰論相取各各輔佐朝供。爲助有等。身雄而手足不稱。目威而倉骨顴欹。鼻端而眉散傾斷。口大而鬚亂單斜。皆主孤立無助也。我視公子眉助三台。口通四瀆。鼻正土厚山高瑩光。得氣之靈。乃主朋友君臣皆可以相得之益。故知其材量質性。足以籠罩一世。容納四國。便非凡人可及。後孟嘗果封國君。舉至嘗曰君言固驗於昔。今觀吾食客三千。誰應君相。舉曰諸客雖各有才技。獨取馮驩精神意氣。乃純正義俠之質也。嘗曰驩以貧窶無能爲下客。每聞其彈鋏之歌。我亦疑之。舉曰我視其胸次落落有勇敢之氣。在貧不以爲羞。得志不以爲怪。行人之所難行。爲人之不爲。可爲君之良佐也。孟嘗遂託驩收債於薛。驩盡焚其券。市義而歸。及嘗罷相歸薛居民扶老攜幼迎候道左。嘗顧謂驩曰先生所爲市

義乃今日見之因此孟嘗君名聞諸侯久相齊國

【鬼谷相孫臏】孫臏拜鬼谷爲師一日在山谷中談道師忽見臏上六氣皆泛紅氣如晚霞映水之色黑氣如烏鳥集林之象師驚曰黑紅之氣纏於岳瀆此爲珠玉陷於泥中主身陷囚獄傷命之難臏曰弟子在幽谷中至心樂身安養性修心有何凶氣焰於面耶師云不然唯氣色朝出於面暮歸於肺非論人憂患而成凶亦非論人安靜而成吉凡氣色之本源乃由心脾肺腎五臟而發青黃赤白黑五色而焰其狀大小不同形狀亦不一或現五彩或焰三光或如浮雲或如飛鳥青色主憂驚赤色主血光口舌白主折傷孝服黑主牢獄死亡黃色主吉慶紫色主降天祿臏問云五色之中獨取黃紫爲吉者何也師曰黃色乃胎養之氣四季各旺十八日故爲吉慶紫色乃五臟中之精華五色中之彩色故降天祿臏拜求脫難之法師細察其面指曰看汝六氣雖然浮沈未定眼有守神亦無大凶臏問云吉凶既論氣色爲主如何又論眼神師云凡人面上黑氣如愁雲四起眼有神光而安靜縱有災難無傷於命此便爲神能留氣面上氣色雖見光明華彩神泛睛浮縱有小吉其凶速至此便爲氣不能留神故人有氣無色者未能驟發有色無氣者發而不久也

【鉗徒相衞青】衞青受刑於獄鉗徒相曰觀汝國印氣焰於官祿印堂十日內必然恩赦而得祿青嘆曰得脫刑戮之難足矣何敢望祿鉗徒曰唐符國印定來因紫赤名符黃紫印求名必解官陞職刑徒將戮赦來恩青問曰我在獄憂心切切焉得有喜色形於面貌耶鉗徒曰氣色者有天機自動之妙非論人憂樂而成美惡之色也凡人安靜時鼻準上如鮮血猪肝之色一年內飛災與損丁驟至患難時五山之頂新開嫩黃色內紫氣輝煌百日內身受皇恩青問何也鉗徒曰氣色之性得天地造化轉動之機而變化者也故禍福未至其氣

先行吉徵未能生祥由氣先祥也凶徵未能生孽由氣先孽也今觀君印堂中氣色如月破重雲之象喜逢險地愈見奇祥又見帝座上黃光中起一層之色此便爲國印紫氣數日內必然福集禍消果不出旬日遇大赦後立大功封長平侯

附右髻道人陰隲秘論

陰隲之理懷天地五常之性抱陰陽兩氣之靈通於肺腑之間先察三十六宮（三十六宮部位俱在面上而左眼下爲陰隲宮陰隲紋現必主兒孫富貴陰隲紋即三陰三陽之處光明不枯陷而繞黃紫氣者方是）陰隲出入之神露辨部位合其格天性合其情而用乘除加折之法吉凶無遺矣耳目口鼻乃相貌中之先天氣魄精神乃相貌中之後天陰隲紋乃心田中之靈苗能挽回人之造化而逢凶化吉者也呂尚無形篇曰未觀相貌先相心田有心無相相從心生有相無心相從心滅心者有形而無質居于形體之內不可得而見也其可見者莫良乎眸子眸子不能掩其惡故心欲害人尋雖未舉其眼先露狠威而心轉惡心欲救人口雖未言其眼先現青蓮而睛定光古云論目神雖爲心之外表然而觀人氣色亦可以辨其心也故有慈悲心忍辱心者自有一種祥和藹吉之氣有忠義心正直心者自有一種威嚴清肅之氣有貪嗔心癡迷心者自有一種陰霾暗昧之氣陰隲紋不能長現於面有紋必有氣而有色觀者須於人事未接鷄聲唱曉時用燭光照之可見或在大喜時隨時發現或在大怒時隨氣顯露或位天清月皎而發明或遇轟雷震地而吐光則善惡必露禍福速至矣太乙眞人曰積善雖無人見陰隲透出天機何知其人天賜祿福堂紅潤四倉明何知其人天降災三天黑霧命宮青（三天指天中天府天門也）何知其人絕處生眉散重生髮紺青何知其人福壽增目晦重明鬚得神何知其人死速至肥肉青浮黑瘦枯呂祖曰善惡雖觀外形而合內表可鑑如存心陰德者其神靜而安藏使心用計者其神怒而睛耗

形爲心役者病。事爲心役者敗。心爲神役者奸。神爲心役者亡、如陰隲紋科名星國印氣三者。乃積德相之先兆也。眼下蠶肉烏青眼內光散神離三堂（印堂與左右耳前玉堂也）氣暗色昧者乃作孽相之預兆也。科名星乃肉中隱藏一股精華如珠發現之氣也、國印氣乃內黃而外紫鋒鋩碧耀如光呑萬象之色也。若慘刻立威而損行昧心作孽而喪心者黑毒氣先從眼內冲出。繞定於三天。盤結於年壽。猶如轟雷未震之象。必犯天怒。而有遺災遭禍之厄。吁吉凶定矣。富貴昭然。相在心田拘泥于陰隲變相論篇之說猶在於形相之外也。

編號	書名	作者	說明
占筮類			
1	擲地金聲搜精秘訣	心一堂編	沈氏研易樓藏稀見易占秘鈔本
2	卜易拆字秘傳百日通	心一堂編	
3	易占陽宅六十四卦秘斷	心一堂編	火珠林占陽宅風水秘鈔本
星命類			
4	斗數宣微	【民國】王裁珊	民初最重要斗數著述之一；未刪改本
5	斗數觀測錄	【民國】王裁珊	失傳民初斗數重要著作
6	《地星會源》《斗數綱要》合刊	心一堂編	失傳的第三種飛星斗數
7	《斗數秘鈔》《紫微斗數之捷徑》合刊	心一堂編	珍稀「紫微斗數」舊鈔秘本
8	斗數演例	心一堂編	
9	紫微斗數全書（清初刻原本）	題【宋】陳希夷	斗數全書本來面目；有別於錯誤極多的坊本
10-12	鐵板神數（清刻足本）——附秘鈔密碼表	題【宋】邵雍	無錯漏原版 秘鈔密碼表　首次公開！
13-15	蠢子數纏度	題【宋】邵雍	蠢子數連密碼表 打破數百年秘傳　首次公開！
16-19	皇極數	題【宋】邵雍	清鈔孤本附起例及完整密碼表 研究神數必讀！
20-21	邵夫子先天神數	題【宋】邵雍	附手鈔密碼表 研究神數必讀！
22	八刻分經定數（密碼表）	題【宋】邵雍	皇極數另一版本；附手鈔密碼表
23	新命理探原	【民國】袁樹珊	子平命理必讀教科書！
24-25	袁氏命譜	【民國】袁樹珊	
26	韋氏命學講義	【民國】韋千里	民初二大命理家南袁北韋
27	千里命稿	【民國】韋千里	
28	精選命理約言	【民國】韋千里	北韋之命理經典
29	滴天髓闡微——附李雨田命理初學捷徑	【民國】袁樹珊、李雨田	命理經典未刪改足本
30	段氏白話命學綱要	【民國】段方	民初命理經典最淺白易懂
31	命理用神精華	【民國】王心田	學命理者之寶鏡

心一堂術數古籍珍本叢刊　第二輯書目

占筮類			
121	卜易指南(二種)	【清】張孝宜	民國經典，補《增刪卜易》之不足
122	未來先知秘術——文王神課	【民國】張了凡	內容淺白、言簡意賅、條理分明
星命類			
123	人的運氣	汪季高(雙桐館主)	五六十年香港報章專欄結集！
124	命理尋源	【民國】徐樂吾	民國三大子平命理家徐樂吾必讀經典！
125	訂正滴天髓徵義		
126	滴天髓補註 附 子平一得		
127	窮通寶鑑評註 附 增補月談賦 四書子平		
128	古今名人命鑑		
129-130	紫微斗數捷覽(明刊孤本)[原(彩)色本] 附 點校本 (上)(下)	馮一、心一堂術數古籍整理編校小組 整理	明刊孤本 首次公開！
131	命學金聲	【民國】黃雲樵	民國名人八字、六壬奇門推命
132	命數叢譚	【民國】張雲溪	子平斗數共通、百多民國名人命例
133	定命錄	【民國】張一蟠	民國名人八十三命例詳細生平
134	《子平命術要訣》《知命篇》合刊	【民國】鄒文耀、【民國】胡仲言 撰	《子平命術要訣》科學命理；《知命篇》易理皇極、命理地理、奇門六壬互通
135	科學方式命理學	閻德潤博士	匯通八字、中醫、科學原理！
136	八字提要	韋千里	民國三大子平命理家韋千里必讀經典！
137	子平實驗錄	【民國】孟耐園	作者四十多年經驗 占卜奇靈 名震全國！
138	民國偉人星命錄	【民國】囂囂子	幾乎包括所民初總統及國務總理八字！
139	千里命鈔	韋千里	失傳民初三大命理家-韋千里 代表作
140	斗數命理新篇	張開卷	現代流行的「紫微斗數」內容及形式上深受本書影響
141	哲理電氣命數學——子平部	【民國】彭仕勛	命局按三等九級格局、不同術數互通借用
142	《人鑑——命理存驗·命理擷要》(原版足本)附《林庚白家傳》	【民國】林庚白	傳統子平學修正及革新、大量名人名例
143	《命學苑苑刊——新命》(第一集)附《名造評案》《名造類編》等	【民國】林庚白、張一蟠等撰	史上首個以「唯物史觀」來革新子平命學結集
相術類			
144	中西相人探原	【民國】袁樹珊	按人生百歲，所行部位，分類詳載
145	新相術	【美國】李拉克福原著、【民國】沈有乾編譯	通過觀察人的面相身形、色澤舉止等，得知性情、能力、習慣、優缺點等
146	骨相學	【民國】風萍生編著	結合醫學中生理及心理學，影響近代西、日、中相術深遠
147	人心觀破術 附運命與天稟	【日本】管原如庵、加藤孤雁原著，【民國】唐真如譯	觀破人心、運命與天稟的奧妙

148	《人相學之新研究》《看相偶述》合刊	盧毅安	集中外大成，無不奇驗；影響近代香港相術名著
149	冰鑑集	【民國】碧湖鷗客	各家相法精華、相術捷徑、圖文並茂附名人照片
150	《現代人相百面觀》《相人新法》合刊	【民國】吳道子輯	失傳民初相學經典二種 重現人間！
151	性相論	【民國】余晉龢	民初北平公安局專論相學與犯罪專著（犯罪學生物學派）
152	《相法講義》《相理秘旨》合刊	韋千里、孟瘦梅	命理學大家韋千里經典、傳統相術秘籍精華
153	《掌形哲學》附《世界名人掌形》《小傳》	【民國】余萍客	圖文并茂、附歐美名人掌形圖及生平簡介
154	觀察術	【民國】吳貴長	可補充傳統相術之不足
堪輿類			
155	羅經消納正宗	【明】沈昇撰、【明】史自成、丁孟章合纂	失傳四庫存目珍稀風水古籍
156	風水正原	【清】余天藻	●積德為求地之本，形家必讀！●純宗形家，與清代欽天監地理風水主張大致相同
157	安溪地話（風水正原二集）		
158	《蔣子挨星圖》附《玉鑰匙》	傳【清】蔣大鴻等	窺知無常派章仲山一脈真傳奧秘
159	樓宇寶鑑	吳師青	陽宅風水必讀、現代城市樓宇風水看法改革
160	《香港山脈形勢論》《如何應用日景羅經》合刊		香港風水山脈形勢專著
161	三元真諦稿本——讀地理辨正指南	【民國】王元極	被譽為蔣大鴻、章仲山後第一人 內容直接了當，盡揭三元玄空家之秘
162	三元陽宅萃篇		
163	王元極增批地理冰海 附批點原本地理冰海	【清】高守中【民國】王元極	
164	地理辨正發微	【清】唐南雅	極之清楚明白，披肝露膽
165-167	增廣沈氏玄空學 附 仲山宅斷秘繪稿本三種、自得齋地理叢說稿鈔本（上）（中）（下）	【清】沈竹礽	玄空必讀經典！附《仲山宅斷》幾種鈔本及批點本，畫龍點睛、披肝露膽，道中刊印本未點破的秘訣
168-169	巒頭指迷（上）（下）	【清】尹貞夫原著、【民國】何廷珊增訂、批注	圖文并茂：龍、砂、穴、水、星辰九十九變 洩漏天機：蔣大鴻、賴布衣挨星秘訣及用法
170-171	三元地理真傳（兩種）（上）（下）	【清】趙文鳴	蔣大鴻嫡派真傳張仲馨一脈二十種家傳秘本、宅墓案例三十八圖，並附天星擇日
172	三元宅墓圖 附 家傳秘冊		
173	宅運撮要	【民國】尤惜陰（演本法師）、榮柏雲	撮三集《宅運新案》之精要
174	章仲山秘傳玄空斷驗筆記 附 章仲山斷宅圖註	【清】章仲山傳、【清】唐鷺亭纂	無常派玄空不外傳秘中秘！二宅實例有斷驗及改造內容
175	汪氏地理辨正發微 附 地理辨正真本	【清】蔣大鴻、姜垚原著、【清】汪云吾發微	蔣大鴻嫡派張仲馨一脈三元理、法、訣具體泄露
176	蔣大鴻家傳歸厚錄汪氏圖解	【清】蔣大鴻、【清】汪云吾圖解	三百年來最佳《地理辨正》註解！石破天驚！
177	蔣大鴻嫡傳三元地理秘書十一種批注	【清】蔣大鴻原著、【清】汪云吾、【清】劉樂山註	

178	《星氣(卦)通義(蔣大鴻秘本四十八局圖并打劫法)》《天驚秘訣》合刊	題【清】蔣大鴻 著	江西興國真傳三元風水秘本
179	蔣大鴻嫡傳天心相宅秘訣全圖附陽宅指南等秘書五種	【清】蔣大鴻編訂、【清】汪云吾、劉樂山註	蔣大鴻徒張仲馨秘傳陽宅風水「教科書」！
180	家傳三元地理秘書十三種		真天宮之秘　千金不易之寶
181	章仲山門內秘傳《堪輿奇書》附《天心正運》	【清】章仲山傳、【清】華湛恩	直洩無常派章仲山玄空風水不傳之秘
182	《挨星金口訣》、《王元極增批補圖七十二葬法訂本》合刊	[民國]王元極	秘中秘——玄空挨星真訣公開！字字千金！
183-184	《家傳三元古今名墓圖集附謝氏水鉗》《蔣氏三元名墓圖集》合刊(上)(下)	(清)孫景堂，劉樂山，張稼夫	蔣大鴻嫡傳風水宅案、幕講師、蔣大鴻、姜垚等名家多個實例，破禁公開！
185-186	《山洋指迷》足本兩種　附《尋龍歌》(上)(下)	【明】周景一	風水巒頭形家必讀《山洋指迷》足本！
187-196	蔣大鴻嫡傳水龍經注解　附　虛白廬藏珍本水龍經四種(1-10)	【清】蔣大鴻編訂、【清】楊臥雲、汪云吾、劉樂山註	蔣大鴻嫡傳一脈授徒秘笈　希世之寶 千年以來，師師相授之秘旨，破禁公開！ 完整了解蔣氏嫡派真傳一脈三元理、法、訣！ 附已知最古《水龍經》鈔本等五種稀見《水龍經》
197	批注地理辨正直解		無常派玄空必讀經典未刪改本！
198	《天元五歌闡義》附《元空秘旨》(清刻原本)	【清】章仲山	
199	心眼指要(清刻原本)		
200	華氏天心正運	【清】華湛恩	
201-202	批注地理辨正再辨直解合編(上)(下)	【清】蔣大鴻原著、【清】姚銘三再註、【清】章仲山直解	失傳姚銘三玄空經典重現人間！名家：沈竹礽、王元極推薦！
203	章仲山注《玄機賦》《元空秘旨》附《口訣中秘訣》《因象求義》等九種合刊	【清】章仲山	近三百年來首次公開！　章仲山無常派玄空秘密，和盤托出！ 章仲山注《玄機賦》及章仲山原傳之口訣及筆記
204	章仲山門內真傳《三元九運挨星篇》《運用篇》《挨星定局篇》《口訣篇》等合刊	【清】章仲山、柯遠峰等	
205	章仲山門內真傳《大玄空秘圖訣》《天驚訣》《飛星要訣》《九星斷略》《得益錄》等合刊	【清】章仲山、冬園子等	
206	撼龍經真義	吳師青註	近代香港名家吳師青必讀經典
207	章仲山嫡傳《翻卦挨星圖》《秘鈔元空秘旨》　附《秘鈔天元五歌闡義》	【清】章仲山傳、【清】王介如輯撰	透露章仲山家傳玄空嫡傳學習次弟及關鍵不傳之秘
208	章仲山嫡傳秘鈔《秘圖》《節錄心眼指要》合刊		
209	《談氏三元地理大玄空實驗》附《談養吾秘稿奇門占驗》	【民國】談養吾撰	史上首次公開「無常派」下卦起星等挨星秘密之書
210	《談氏三元地理濟世淺言》附《打開一條生路》		了解談氏入世的易學卦德爻象思想
211-215	《地理辨正集註》附　《六法金鎖秘》《巒頭指迷真詮》《作法雜綴》等(1-5)	【清】尋緣居士	集《地理辨正》一百零八家註解大成精華 匯巒頭及蔣氏、六法、無常、湘楚等秘本 史上最大篇幅的《地理辨正》註解
216	三元大玄空地理二宅實驗(足本修正版)	【民國】尤惜陰(演本法師)、榮柏雲撰	三元玄空無常派必讀經典足本修正版

217	蔣徒呂相烈傳《幕講度針》附《元空秘斷》《陰陽法竅》《挨星作用》	【清】呂相烈	蔣大鴻門人呂相烈三元秘本三百年來首次破禁公開！
218	挨星撮要（蔣徒呂相烈傳）		
219-221	《沈氏玄空挨星圖》《沈註章仲山宅斷未定稿》《沈氏玄空學（四卷原本）》合刊（上中下）	【清】沈竹礽 等	揭開沈氏玄空挨星五行吉凶斷的變化及不同用法 章仲山宅斷未刪本、沈氏玄空學原本佚文、玄空挨星圖稿鈔本 大公開！
222	地理穿透真傳（虛白廬藏清初刻原本）	【清】張九儀	三合天星家宗師張九儀畢生地學精華結集
223-224	地理元合會通二種（上）（下）	【清】姚炳奎	分發兩家（三元、三合）之秘，會通其用 詳解注羅盤（蔣盤、賴盤）；義理、斷驗俱精
其他類			
225	天運占星學 附 商業周期、股市粹言	吳師青	天星預測股市，神準經典
226	易元會運	馬翰如	《皇極經世》配卦以推演世運與國運
三式類			
227	大六壬指南（清初木刻五卷足本）		六壬學占驗課案必讀經典海內善本
228-229	甲遁真授秘集（批注本）（上）（下）	【清】薛鳳祚	明清皇家欽天監秘傳奇門遁甲 奇門、易經、皇極經世結合經典
230	奇門詮正	【民國】曹仁麟	簡易、明白、實用，無師自通！
231	大六壬探源	【民國】袁樹珊	民初三大命理家袁樹珊研究六壬四十餘年代表作
232	遁甲釋要	【民國】徐昂	推衍遁甲、易學、洛書九宮大義！
233	《六壬卦課》《河洛數釋》《演玄》合刊		疏理六壬、河洛數、太玄隱義！
234	六壬指南（【民國】黃企喬）	【民國】黃企喬	失傳經典 大量實例
選擇類			
235	王元極校補天元選擇辨正	原【清】謝少暉輯、【民國】王元極校補	三元地理天星選日必讀
236	王元極選擇辨真全書 附 秘鈔風水選擇訣	【民國】王元極	王元極天昌館選擇之要旨
237	蔣大鴻嫡傳天星選擇秘書注解三種	【清】蔣大鴻編訂、【清】楊臥雲、汪云吾、劉樂山註	蔣大鴻陰陽二宅天星擇日日課案例！
238	增補選吉探源	【民國】袁樹珊	按表檢查，按圖索驥：簡易、實用！
239	《八風考略》《九宮撰略》《九宮考辨》合刊	沈瓞民	會通沈氏玄空飛星立極、配卦深義
其他類			
240	《中國原子哲學》附《易世》《易命》	馬翰如	國運、世運的推演及預言